Weltanschauungen
unter der Lupe

Orientierung im Dschungel des
Zeitgeschehens

Herausgegeben
von Dr. Lothar Gassmann

Unter Mitarbeit von
Dr. Reinhard Junker
Dr. Ralf Krüger
Walter Romingcr
Rainer Wagner

Selbstverlag Dr. Lothar Gassmann

Hinweis:
Das Zeichen > bezieht sich auf weiterführende Artikel zu den jeweiligen Themen in diesem Buch oder in weiteren Lexika und Handbüchern des Herausgebers.

Lothar Gassmann (Hrsg.)
Weltanschauungen unter der Lupe
Orientierung im Dschungel des Zeitgeistes

Selbstverlag Dr. Lothar Gassmann
Pforzheim 2024
www.L-Gassmann.de

Inhalt

Modernismus
Mystizismus
Nationalsozialismus
Neomarxismus
Okkulte Thanatologie
Ökologie. Ökologische Religion
Panentheismus
Pantheismus
Perfektionismus
Pneumatischer Universalismus
Polytheismus
Postmoderne/Postmodernismus
Pragmatismus
Proleptischer Messianismus
Quietistischer Futurismus
Rationalismus
Säkularismus
Selbstverwirklichung
Skeptizismus
Solipsismus
Tiefenpsychologie (Jungianismus)
Traditionalismus
Triumphalismus
Umweltschutz

Agnostizismus kommt vom griechischen "aginoskein": "nicht erkennen". Der A. behauptet, dass wir nichts von Gott erkennen können. Denker wie George Berkeley, David Hume und Immanuel Kant behaupteten dies mit absoluter Gewissheit. Berkeley meinte, dass alles Wahrgenommene nur Phänomen unseres Bewusstseins sei, also nicht in der objektiven Wirklichkeit, sondern nur in unserem Bewusstsein existiere und damit nur innere, aber keine äußere Wirklichkeit besitze. Deshalb gebe es nur subjektive, aber keine objektive Wahrheit. Hume sagte, dass die Vorstellung von allem Seienden durch innere Tätigkeit des Verstandes entstehen würde. Kant behauptete: "Die Welt ist meine Vorstellung". Damit wollte er sagen, dass das, was ich durch meine Kategorien (d.h. durch die Richtlinien, die in meinem Geist vorhanden sind) selber herstelle, die Welt sei, die ich mir letztlich selbst erschaffe. Artur Schopenhauer sprach in Fortsetzung davon von der "Welt als Wille und Vorstellung".

Kritik: a. Können wir wirklich nichts von Gott erkennen? Die Belege aus Schöpfung, Gewissen und (Heils-)Geschichte widersprechen dieser Ansicht. - b. Der A. ist selbst eine Art Dogmatismus, eine feste Lehre, weil dabei mit absoluter Gewissheit gesagt wird, dass man über Gott nichts wissen kann. Da der A. eigentlich Dogmatismus ablehnt, befindet er sich hier in einem Widerspruch. Dabei macht sich der Agnostiker selbst zum Gott, da er das "Nicht-Wissen-Können" so absolut behauptet, ohne zu fragen, woher er diese Autorität nimmt. Damit wird in anmaßender Weise Allwissenheit behauptet. - c. Philosophisch formuliert wird eine Schlussfolgerung von der Unmöglichkeit des Erkennens hin zur Nichtexistenz Gottes gezogen. Es wird also behauptet, dass das, was man nicht erkennen kann, auch nicht wirklich sei, eine Behauptung, die erkenntnistheoretisch nicht legitim ist. Diese Grenzüberschreitung, die sich der A. hier anmaßt, führt schließlich zum >Athe-

ismus. S. auch: >Glaube und Vernunft; >Gottesbeweise; >Offenbarung.
Lit.: N. Geisler, Wenn Skeptiker fragen, 1996; ders., Christian Apologetics, 1992.
Lothar Gassmann

Akosmismus (griech. "a-kosmos" = "nicht die Welt") ist die Haltung der Weltferne, Weltfremdheit mit einem völlig verinnerlichten Gemeindeleben und einer privaten Frömmigkeit, in welche man sich ganz zurückzieht. Dies finden wir im Quietismus ("Ruhe-Theologie": man zieht sich völlig zurück und pflegt keinen Kontakt mehr nach außen) und leider auch in manchen Formen des >Pietismus (nur noch die eigene Erbauungsstunde zählt).
Kritik: Nach biblischer Aussage haben Christen einen diakonischen Auftrag in und an der Welt und vor allem einen missionarischen Auftrag, Menschen für den Herrn zu gewinnen (Mt 28,19f.; Röm 12,1f.). Ein Rückzug in die eigenen (Kirchen-)Mauern kann insofern Sünde sein. Der – genauso unbiblische – Gegensatz zum Akosmismus ist der >Säkularismus, die Verweltlichung.
Lothar Gassmann

Anarchismus beabsichtigt die Abschaffung jeder Über- und Unterordnung im zwischenmenschlichen Bereich, um individuelle Freiheit ohne Grenzen, das herrschaftsfreie Zusammenleben der Individuen und die optimale >Selbstverwirklichung des Ichs zu erreichen. Deshalb wird nicht allein bestritten, dass der Staat erforderlich und berechtigt ist, sondern dessen Abschaffung gefordert, da er der herausgehobene Repräsentant von Autorität in der Menschheitsgeschichte sei. Der A.

geht davon aus, die Menschen seien so veranlagt, dass sie besser ohne als mit staatlicher Gewalt lebten.

Anarchistische Gedanken begegnen schon in der Antike bei Zeno (340 – 268 v. Chr.); sie erhalten im 18. / 19. Jahrhundert durch die Auflösung der ständischen Gesellschaft in der industriellen Revolution einen großen Auftrieb. Der Begriff A. geht auf den Frühsozialisten und Sozialphilosophen Pierre-Joseph Proudhon (1809 - 1865) zurück. Vordem hatte die Ansicht von Thomas Hobbes (1588 - 1679) dominiert, ein starker Staat müsse die Menschen vor ihrer eigenen Wolfsnatur schützen (so auch Erasmus, Calvin und selbst noch Rousseau und Voltaire). Kein Konsens besteht im A. über Privateigentum und Gewalt; teilweise werden diese bejaht, teilweise abgelehnt. Entscheidende Wurzeln des (modernen) A. sind der >Kommunismus, der Individualismus und Sozialutopien, die jede in sich bereits anarchistisch ist, denn ihnen ist der Kampf gegen staatliche Herrschaft und die Auffassung, individuelle Freiheit sei der Güter höchstes, gemeinsam. Im 20. Jhd. hat der A. durch die weltweiten Studentenproteste (1968 ff.), die sich teilweise auch mit Terrorismus verbanden (z. B. RAF), einen weiteren Schub erhalten.

Kritik: Gegen alle anarchistischen Lehren ist anzuführen:

(a) Die Freiheit des einen zugunsten der Freiheit des andern bringt Unterdrückung.

(b) Wo durch Anarchismus Autorität und Ordnung schwinden, setzt sich in der Anarchie, da in dieser nicht zu leben ist, rasch die Tyrannei durch. A. trägt bereits den Keim der Tyrannei in sich, ja ist an sich Tyrannei. Die individuelle Freiheit, die vorgeblich erreicht werden soll, bleibt letztlich auf der Strecke.

(c) Anarchistische Vorstellungen sind ,unrealistisch und utopisch.

(d) A. steht dem biblischen Gottes- und Menschenverständnis (Gott als Erlöser des sündigen, unvollkommenen Menschen) entgegen.

(e) A. richtet sich gegen die biblische Schöpfungs- und Erhaltungsordnung (vgl. z. B. 1. Mose 1-4; Röm 13, 1- 7) und damit auch gegen die biblisch-reformatorische Zwei-Regimenten- bzw. Zwei-Reiche-Lehre.

(f) A. ist Rebellion gegen Gott und Ansturm des Menschen auf das Letzte. Im A. zeigt sich, dass der Mensch Gott sein will und keine Macht und Ordnung über sich anerkennen will.

S. auch: >Ethik; >Liebe; >Kommunismus; >Grüne Ideologie.

Lit.: EKL, 3. Aufl. (Neufassung), Bd. 1, Sp. 136 – 138; ELThG, Bd. 1, S. 69; ESL, 7. völlig neu bearbeitete und erweiterte Aufl. 1980, Sp. 22 – 23; EStL, 2. völlig neu bearbeitete und erweiterte Aufl. 1975, Sp. 2400 – 2402; RGG, 3. Aufl., Bd. 1, Sp. 353 – 355. Darin jeweils weiterführende Literatur; P. Beyerhaus / J. Heubach (Hg.), Zwischen Anarchie und Tyrannei, 1979.

Walter Rominger

Atheismus: Der *Begriff* "A." kommt vom griechischen "atheos": "kein Gott". A. ist die Unkenntnis oder Bestreitung der Existenz (eines) Gottes. Im alten Griechenland und Rom galt als "Atheist" derjenige, der die "Staatsgötter" nicht anerkannte - ein Vorwurf, der etwa gegen die urchristliche Gemeinde gerichtet wurde, welche den >Polytheismus und Kaiserkult im römischen Staat ablehnte. Der neuzeitliche A. hingegen ist weit radikaler. Er leugnet das Vorhandensein von Gott oder Göttern überhaupt.

Ursachen des neuzeitlichen, aufklärerischen und nachaufklärerischen A. sind vor allem: die wachsende Weltbemächtigung des Menschen durch Mittel der modernen Technik, die Entsakralisierung der Welt, die Emanzipation und der Kritizismus, etwa in der Erforschung der Heiligen Schrift (>Bibelkritik).

Einflussreiche *Vertreter* des A. in der Neuzeit sind: Ludwig Feuerbach (Projektionshypothese), Karl Marx (Dialektischer >Materialismus), Friedrich Nietzsche (>Nihilismus), Sigmund Freud (>Psychoanalyse), Albert Camus und Jean-Paul Sartre (Französischer >Existentialismus), Dorothee Sölle (>Gott-ist-tot-Theologie). Feuerbach behauptete, Gott sei nichts anderes als eine Projektion menschlicher Vorstellungen. Der Mensch wünsche sich Vollkommenheit und Größe - und da er diese nicht besitze, projiziere er sie an den Himmel und sage: Das ist nun Gott. Marx knüpfte daran an und bezeichnete Religion als Opium für das Volk, mit dem Menschen in Abhängigkeit von der herrschenden Klasse gehalten werden könnten. Freud sprach von Gott als von einer kollektiven Neurose der Menschheit. Der Mensch bilde sich Gott nur ein, dies sei ein krankhafter Zustand. Nietzsche, der Gottesgegner, der im geistigen Wahnsinn endete, verkündete anstelle von Gott, der tot sei, den Übermenschen, der sich aus allen Fesseln religiöser Versklavung löse und der Erde treu bleibe. Französische Existentialisten verkündeten die „Absurdität" des Daseins, was die Existenz eines liebenden, planenden Gottes ausschließe. D. Sölle propagierte den „Tod Gottes nach Auschwitz" und den Menschen, der durch Mitmenschlichkeit und soziales Engagement die Stelle Gottes einnehme („Stellvertretung").

Biblische Beurteilung: Gott existiert. Er ist ewig und unendlich. Er ist zugleich persönlich und Mensch geworden. Er ist einer und dreieinig (ein göttliches Wesen in drei Personen: Vater, Sohn und Heiliger Geist; >Dreieinigkeit). Er ist heilig und barmherzig. Sein Wesen ist Liebe. Gott hat sich geoffenbart: in der Schöpfung, in der Geschichte, im Gewissen und in seinem Sohn Jesus Christus. Darüber hinaus gibt es in der philosophi-

schen Tradition >Gottesbeweise (zumindest "Gottes-Hinweise"), die durchaus schlüssig sind, z.B den teleologischen, finalistischen Beweis (vgl. Thomas von Aquin). Immanuel Kant, der die klassischen Gottesbeweise kritisierte, ließ doch den moralischen Gottesbeweis gelten. Er sagte, dass "der gestirnte Himmel über mir und das moralische Gewissen in mir" darauf hinweisen, dass es einen Gott und Schöpfer gibt. Bei der Leugnung der Existenz Gottes setzt sich der Leugner selbst an Gottes Stelle und macht sich selbst zum "Gott". Und warum? Weil der Mensch behauptet, dass er allwissend sei, indem er sagt, dass es keinen Gott gibt. Nur wenn ich mich aber über etwas stelle, kann ich darüber so reden. So ist es nur folgerichtig (aber trotzdem falsch), wenn Nietzsche von der Leugnung Gottes zur Selbstvergottung des Menschen übergeht. Entscheidend bleibt, dass sich Gott selbst geoffenbart hat, und zwar auch in historischen Ereignissen. Zur Frage, warum ein liebender Gott Leiden zulässt, siehe unter >Theodizee.
Lit: N. L. Geisler, Christian Apologetics, 1992,173-192; ders.. Wenn Skeptiker fragen, 1996, 55-62.
Lothar Gassmann

Autonomie: Der aus dem Griechischen kommende Begriff Autonomie (A.) (von autos und nomos), der Selbstgesetzgebung, Selbstbestimmung bedeutet, wird bei Tykidides (5. Jhd. v. Chr.) terminus technicus für die Selbstgesetzgebung einer Stadt unter einer anderen Oberherrschaft. Im 15. Jhd. wird das politisch-rechtliche Verständnis wieder aufgenommen und bedeutet die innere Selbständigkeit eines Volkes oder Stammes, einer Gruppe, was während der Konfessionskämpfe im 16. Jhd. das Recht der Glaubenswahl / Konfessionswahl in engen Grenzen bedeutete (cuius regio eius religio). In seinem politisch-rechtlichen Verständnis ist Autonomie von Souveränität zu unterscheiden und nicht gleichbedeutend mit Freiheit. Sowohl in

Antike und Neuzeit wird der Ausdruck hauptsächlich im Sinne politischer und rechtlicher Selbstbestimmung verwendet. Der Begriff hat jedoch eine viel weitergehende Bedeutung erlangt. Paulus bringt mit dem Begriff zum Ausdruck, dass die Heiden dafür selbst verantwortlich sind, dass sie das Heil verfehlen (Röm 2,14 f.). Für Luther strebt der Mensch nach A., aber gerade das ist seine eigentliche Verfehlung und erst wenn er sich als theonom (von Gott bestimmt) ausgerichtet versteht, kommt er zu seiner gottgewollten Bestimmung. „Völlig sich zu demütigen aber vermag der Mensch nicht, bis er weiß, dass sein Heil ganz und gar außerhalb seiner Kräfte, Entschlüsse, Bemühungen, außerhalb seines Willens und seiner Werke gänzlich von dem freien Ermessen, dem Entschluss, Willen und Werk eines anderen, nämlich Gottes allein abhänge" (Luther, De servo arbitrio, WA 18, 672).

R. Descartes (1596 – 1650) löst die A. von der Theonomie, wobei es dazu bereits in der Renaissancephilosophie Bestrebungen gibt. Der Begriff A. ist auch zu einem geisteswissenschaftlichen geworden. In der Philosophie spielt der Begriff A. eine wichtige Rolle bei I. Kant (1724 – 1804). Dieser versteht darunter, der Mensch könne sich selbst kraft seiner Vernunft bestimmen. Kant versteht damit den Menschen weder als durch biologische Gesetze bestimmtes Naturwesen, noch als durch Gesellschaft und Umgebung fremdbestimmtes Wesen (Heteronomie), sondern als „Noumenon", als geistbegabtes Wesen. Kant stößt auf viel Unverständnis und Missverständnis. Im Ganzen überwiegt eher eine Ablehnung der A. Der späte Fichte (1762 – 1814) und der späte Schelling (1775 – 1854) vertreten die Einheit von A. und Theonomie und nähern sich der Position Luthers an, so dass nur der Mensch, der in Gott lebt, wahre Freiheit haben kann. Heftigen Widerspruch gegen den A.begriff meldet S. Kierkegaard (1813 – 1855) an. Zunehmenden Einfluss gewinnt A. im Neukantianismus (ab etwa 1860). Für Fr. Nietzsche (1844 – 1900) bedeutet A. die „große Loslösung" von bisher als heilig Erachtetem. J. P. Sartre versteht in seinem atheistischen >Existentialismus unter A., alles sei erlaubt.

Der Begriff A. hat eine ständige Ausweitung besonders in der >Ethik erfahren und ist auch in Kunst und Naturwissenschaft übernommen. Durch die ständige Ausweitung hat der Begriff A. jegliche Konturen verloren, was die Auseinandersetzung mit dem Phänomen A. erschwert. Vielfach wird heute A. mit absoluter >Emanzipation gleichgesetzt und sind die ursprünglich enthaltenen Tugenden Selbstdisziplin und Verzicht zugunsten lustbetonter >Selbstverwirklichung gewichen (>Hedonismus). Aber einer philosophisch verstandenen A. scheint diese Tendenz, die vom biblisch-reformatorischen Verständnis abgelehnt werden muss, bereits inhärent zu sein. A. des Menschen anzustreben, widerspricht der biblischen Anthropologie, da gerade das Streben des Menschen nach Autonomie seine große Verfehlung ist (>Mensch).

S. auch: >Selbstverwirklichung; >Emanzipation; >Anarchismus.

Lit.: EKL, 3. Aufl. (Neufassung), Sp. 345 f.; ELThG, Bd. 1, S. 162 – 164; ESL, 7. völlig neu bearbeitete und erweiterte Aufl. 1980, Sp. 114; EStL, 2. völlig neu bearbeitete und erweiterte Aufl. 1975, Sp. 118 – 120 und Sp. 1140 – 1165 (Art. Kirche und Staat); RGG, 3. Aufl., Bd. 1, Sp. 788 – 792. Darin jeweils weiterführende Literatur. E. Düsing / H. W. Beck, Menschenwürde und Emanzipation. Entfremdung und Konzepte ihrer Aufhebung. Kritischer Traktat (Wort und Wissen Bd. 9), 1981; L. Ihmels, Theonomie und Autonomie, 1909.

Walter Rominger

Behaviorismus kommt vom englischen "to behave" = "sich verhalten". Der Mensch sei ein Wesen, das nur aus Reiz und Reaktion bestehe. Wenn ich einem Hund ein Stück Fleisch vorhalte, dann schnappt er zu; das kann ich vorausberechnen, weil dies die Erfahrung belegt. Der Mensch sei auch ein Reiz-Reaktions-Wesen. Das Verhalten entstehe durch Anpassung an Lebensgewohnheiten und an die Umwelt. Der Mensch sei ein Wesen ohne Freiheit und Würde. Hauptvertreter und Vorbereiter dieser Bewegung waren Pawlow mit seinen Tierexperimenten, C. B. Watson und vor allem B. F. >Skinner. Skinner war vorsichtiger als seine Vorläufer; er bezeichnete den Menschen nicht nur als ein Produkt seiner Umwelt, sondern auch als von seiner genetischen Geschichte geprägt. Das Erbgut und die Umwelt spielen für ihn zusammen. Die Existenz eines Geistes ist jedoch für ihn fragwürdig.

Kritik: Der Mensch hat Geist, ein Ich, und ist entscheidungsfähig. Francis Schaeffer veröffentlichte eine Schrift gegen Skinner mit dem Titel: "Zurück zu Freiheit und Würde". Darin lauten die letzten Sätze: "Nach Gottes Ebenbild erschaffen, war der Mensch dazu bestimmt, großartig zu sein, schön zu sein und schöpferisch zu sein in Leben und Kunst. Aber seine Rebellion hat ihn dahin geführt, nichts aus sich zu machen als eine Maschine."

S. auch: >Mensch; >Materialismus.

Lit.: F. Schaeffer, Zurück zu Freiheit und Würde, in: Gesammelte Werke 1 (engl.), 1993.

Lothar Gassmann

Blut und Boden (BuB) war die nationalsozialistische Formel, hinter welcher der Gedanke der Bildung einer neuen "Herrenrasse" aus dem angeblich rassisch besonders gesunden deutschen Bauerntum stand (>Nationalsozialismus). Die NS-Bewegung kam, aufgrund der deutschen Agrarkrise am Ende der Weimarer Republik, in der Nord- und Ostdeutschen „Landvolkbewegung" (eine bäurische Interessenvertretung) zu starkem Einfluss. Der Begriff BuB stammte aus dem Buch „Blut und Boden" des späteren NS-Politikers Richard Walter Darré. Neben Darré prägten Auslandsdeutsche wie der Siebenbürger Sachse Georg A. Kenstler den BuB-Mythos. Zur Durchsetzung des BuB-Gedankens gehörte die Eroberung von "Lebensraum" im Osten (Polen, Ukraine, Russland usw.) und die Versklavung, Vertreibung und Vernichtung von Menschen, die als "rassisch minderwertig" galten (vor allem slawische Völker). Diese BuB-Utopie war Teil des Programms der "bevölkerungspolitischen Neuordnung" Europas, das vor allem von der SS vertreten wurde.

Darré wurde im Juni 1933 von Hitler zum Minister für Ernährung und Landwirtschaft ernannt. Schon vorher, seit 1930, war Darré Leiter der "Agrarpolitischen Abteilung der Reichsleitung der NSDAP" und bereits vor der Übernahme des Ministeramts als "Reichsbauernführer" uneingeschränkter Leiter des "Reichsbauernstandes". Alle Landwirte mussten Mitglied dieser neuen Berufsorganisation sein, die im Sommer 1933 aus der Gleichschaltung aller landwirtschaftlichen Genossenschaften und anderer agrarischen Interessenverbände hervorgegangen war. Da die rassische Abstammung in BuB eine besonders große Rolle spielte, war es folgerichtig, dass Darré auch Leiter des "Rasse- und Siedlungshauptamtes" der SS wurde.

Der Siebenbürger Sachse Georg A. Kenstler gab 1929-1934 eine Zeitschrift unter dem Namen BuB heraus, die dem völkisch-politischen Lager entstammte und ebenfalls stark an der Verbindung der Landwirtschaft mit Rassefragen orientiert war. Geistige Erneuerung, Führerprinzip, Schaffung einer Herrenschicht, völkische Siedlung im Osten, Wehrhaftigkeit, Kampfbereitschaft und die Schaffung eines Bauernadels, der zum erblichen Blutadel werden sollte, waren weitere gesellschaftspolitische Ziele der Autoren der Zeitschrift. Die strikte Ablehnung des als Knechtschaftsinstrument empfundenen Versailler Vertrages, eine Gegnerschaft zum Marxismus, Bolschewismus, Sozialismus (>Kommunismus), Pazifismus, >Kapitalismus, Judentum, Jesuitismus, zur >Freimaurerei und Demokratie machte die Zeitschrift auch für Teile des jungkonservativen Adels interessant. Der neuheidnisch geprägte Glaube der nationalistischen Bewegungen zu Beginn des 20. Jahrhunderts meinte, im Blut- und Bodenmythos geistige Wurzeln zu finden. Von Seiten der politischen Linken wird heute der Siedlerbewegung Israels BuB-Ideologie unterschoben. Dies ist letztlich eine Diffamierung, da sich die Siedlerbewegung nicht als rassistisch im Sinne von Biologismus und Sozialdarwinismus, wie es bei BuB üblich ist, versteht. Die sogenannte antiimperialistische Bewegung versucht, vorzugsweise Israel mit nationalsozialistischen Begriffen zu belegen, um Israels moralische Autorität in Frage zu stellen. So setzten ÖRK und UN in den 70er und 80er des 20. Jhdts. in Resolutionen Zionismus mit Rassismus gleich.

Nach dem Niedergang des Nationalsozialismus blieb der BuB-Gedanke bei versprengten Anhängern der nationalsozialistisch ausgerichteten Glaubensbewegung Deutsche Christen und in Teilen des rechtsextremen politischen Spektrums erhalten. Seit den 80er Jahren ist eine Zunahme von Gruppen und Grüppchen mit heidnischem Hintergrund aus der Alternativszene zu verzeichnen. Sie führte zu einen vielstimmigen, neuheidnisch-neugermanischen Sektentum in Deutschland (>Neugermanen). Ihre Anhänger verstehen sich nicht als politisch rechts orientiert, sondern als Teil der Alternativ- und >Esoterik-Szene (>New Age). Ihr Ziel ist es, vermeintlich heile Welten und "verloren gegangenes Wissen" aufzusuchen, um ökologische, soziale und persönliche Probleme mit einem neuen (alten) Ansatz ganzheitlich anzugehen. Das Interesse gilt >Hexen und Wiccakulten, Naturgöttern, Runenorakeln, Goden und >Druiden, matriarchaler Spiritualität. Man begann, in heilige Haine,

zu heiligen Steine und Kraftplätzen zu pilgern, verspürte Energieströme und erhoffte neue harmonische Einklänge von Mensch, Natur, Gott und Kosmos. Deutlich ist in diesen Sekten eine bewusste Verachtung des Christentums und einer von christlicher Ethik geprägten Gesellschaft. Ihr „Zurück zur Natur" sollte Abhilfe schaffen für Fehlentwicklungen einer Kultur. Dabei griff man, nicht immer bewusst, auf Teile des „Blut- und Boden-Mythos" zurück. Aus biblischer Sicht sind solche Bestrebungen als Rückfall in das Heidentum und >Götzendienst ausnahmslos zu verwerfen.
Lit.: F.-W. Haack, Wotans Wiederkehr. Blut-, Boden- und Rassereligionen, 1981
Rainer Wagner

Deismus (lat. deus = Gott) sagt zwar, dass Gott der Schöpfer der Welt ist. Aber nach der Welterschaffung habe Gott sich zurückgezogen und greife nicht mehr ins Weltgeschehen ein - ähnlich wie ein Uhrmacher, welcher eine Uhr aufzieht und sie dann sich allein überlässt. Gott habe einmal einen Anfangspunkt gesetzt, dann aber die Welt ihrem Schicksal überlassen. Deshalb gebe es in der Geschichte und Gegenwart keine Wunder, keine Offenbarungen, nur die reine Vernunftreligion - und diese ist ein Produkt der >Aufklärungs-Philosophie des 18. und 19. Jahrhunderts. Bedeutende Vertreter des D. waren Edward Lord Herbert of Cherbury (gest. 1648), John Locke (1632-1704), Matthew Tindal (1657-1733) und Hermann Samuel Reimarus (1694-1768).
Kritik: a. Dass Gott die Welt erschuf, ist ja an sich das größte Wunder. Und wenn es dieses größte Wunder gibt, dass Gott die Welt erschaffen hat, dann müssen auch die kleineren Wunder wie Heilungen, Prophezeiungen etc. in der Gegenwart möglich sein. Das Wirken Gottes in der Vergangenheit ermöglicht auch das Wirken Gottes in der Gegenwart. – b. Der Schöpfer lässt

seine Geschöpfe nicht im Stich, dies würde völlig dem Wesen Gottes widersprechen, denn Gott ist Liebe (1. Joh. 4,16). – c. Zahlreiche Wirkungen Gottes in Geschichte (Bibel) und Gegenwart (z.B. Israel) sind bezeugt. – d. Zu erwähnen sind auch die endzeitlichen Prophezeiungen (z.B. Mt. 24), welche sich zusehends erfüllen.

S. auch >Bibel, >Glaube und Vernunft, >Offenbarung, >Wunder.

Lothar Gassmann

Determinismus (lat. determinare = begrenzen, festlegen) ist die Lehre, dass alle Ereignisse durch nachprüfbare Ursachen eindeutig bestimmbar und festlegbar sind. Noch im 19. Jahrhundert glaubte man, ein in sich geschlossenes naturwissenschaftliches Weltbild zu besitzen. Man glaubte an genau berechenbare Naturgesetze und voraussagbare Naturabläufe. "Die Natur macht keine Sprünge", hieß es. Alles laufe in genau abgesteckten Bahnen. Man glaubte, ohne die "Arbeitshypothese Gott" auszukommen, ja ihn ausklammern zu müssen, weil man ja "alles berechnen konnte". Seit Anfang des 20. Jahrhunderts wurde dieses Weltbild grundlegend erschüttert. Die Einstein'sche Relativitätstheorie stellte die exakte Vorausberechenbarkeit von Abläufen weitgehend infrage. Die Entdeckung, dass Masse und Energie äquivalent (gleichwertig) sind, führte zu einer Entfernung vom >Materialismus. Die mit Max Planck beginnende Quantenphysik schließlich kam zu dem Ergebnis: "Die Natur macht Sprünge" ("Quanten-Sprünge"). Abläufe sind (insbesondere zunächst im atomaren, mikrokosmischen Bereich) nicht eindeutig voraussagbar. So gibt es z. B. nur Wahrscheinlichkeitsaussagen darüber, wann ein Atomkern zerfällt und eine Verwandlung von Materie eintritt. Diese Unsicherheit pflanzt sich auch auf den makrokosmischen, sichtbaren Bereich (z. B. Kristallbildung) fort. Lebende Organismen konnte man ohnehin nie in ein streng festgelegtes Weltbild pressen. Tat man es trotzdem (versuchsweise), war das Leben weg. Entscheidend war und ist nun: Es gibt kein in sich geschlossenes naturwissenschaftliches Weltbild mehr. Man muss Unvorhergesehenes einplanen können.

Das heißt auch: Man muss mit Wundern, mit Gott, Auferstehung und Jenseits rechnen können. Sie lassen sich nicht ausschließen (siehe auch: >Entmythologisierung). In der Theologie wird Determinismus oft mit der Lehre von der doppelten Prädestination (Vorherbestimmung entweder zum ewigen Heil oder zur ewigen Verdammnis) gleichgesetzt, wie sie etwa von J. Calvin vertreten wurde (>Calvinismus; >Erwählungslehre). M. Luther lehrte zwar auch (in „De servo arbitrio"), dass der Mensch in Heilsdingen keinen freien Willen habe, sondern alles der Gnade Gottes verdanke, aber eine Vorherbestimmung zur ewigen Verdammnis lehnte er ab (siehe auch >Synergismus).

Lothar Gassmann

Enthusiasmus meint die überschwängliche Überbetonung der Gegenwart des Geistes und seiner spektakulären Krafttaten. Joachim von Fiore verkündigte schon im Mittelalter das Zeitalter des Heiligen Geistes, in dem Gott durch seine Krafttaten alles verändern und die Welt revolutionieren und messianisieren würde, indem es kein Leid und keine Tränen mehr gebe, ähnlich, wie es in der Herrlichkeitstheologie (>Triumphalismus) gelehrt wird.

In verschiedenen Strömungen der >Pfingstbewegung und der >Charismatischen Bewegung finden wir hier Anklänge (man denke etwa an den „Toronto-Segen"). Allerdings gibt es in beiden Bewegungen auch deutliche Stimmen gegen Extreme und argumentativ hochwertige Kritik. Auch die Lehre von territorialen Dämonen, wie sie Peter Wagner vertritt, kann in magisches Denken führen. Es gibt auch die Gefahr einer Zeichen- und Wundersucht, die das Kreuz Jesu in den Hintergrund drängt. Jesus selbst hat Wunder nicht in den Vordergrund gestellt.

Bei einer Unterbetonung der Gaben des Geistes, dem anderen Extrem, besteht die Gefahr der Erstarrung, eben, dass man keine konkrete Hilfe mehr von Gott erwartet. So, wie es eine Gefühls-Schwärmerei gibt, kann es auch eine Verstandes-Schwärmerei geben. Das ist genauso gefährlich und droht in >Rationalismus und geistlicher Unwirksamkeit zu enden.

Kritik: Wir sollten bei allem E. beachten, dass Satan sich als Engel des Lichts verstellen kann (1. Kor 11,14). Hier gilt in besonderem Maße: „Prüfet die Geister, ob sie von Gott sind" (1. Joh 4,1). Außerdem sollten wir die >Heilsgeschichte ernst nehmen und erkennen, dass wir in der >Endzeit stehen und noch nicht in der Herrlichkeit.

In der Endzeit haben wir mit Abfall, mit Gerichten und Verwirrung zu tun. Wir stehen jetzt noch nicht im Tausendjährigen Reich oder in der himmlischen Herrlichkeit, sondern vor (oder in) dem angekündigten großen Glaubensabfall (Mt 24; 2. Thess 2,3). Wir glauben an das Wirken des Heiligen Geistes heute, aber nicht schwärmerisch übersteigert.

Grundsätzlich ist zum Wirken des Heiligen Geistes aus biblischer Sicht Folgendes zu sagen: Der Heilige Geist (griech. pneuma) ist die dritte Person der Dreieinigkeit. Er ist eine Person mit Kraftwirkungen. Manche meinen ja, er sei nur eine Kraft. Dies ist falsch; er ist eine Person, die aber Kraftwirkungen hat. Die Bibel nennt personale Eigenschaften des Heiligen Geistes: Er wird als Tröster bezeichnet (Joh 16,7-15). Er kann gelästert und betrübt werden (Mt 12,31 f.; Eph 4,30). Ananias und Saphira haben den Heiligen Geist betrogen (Apg 5,1-4). Der Heilige Geist ist souverän, er ist kein Besitz des Menschen. Er zieht in das Herz bei der Wiedergeburt ein, aber er kann auch gedämpft werden und sich zurückziehen, wenn Menschen dauerhaft in bewusster Sünde leben oder von Gott abfallen (vgl. Hebr 6,4 ff.). Der Heilige Geist wohnt im Herzen des Gläubigen. In Eph 1,13 steht: „Ihr seid versiegelt worden mit dem Heiligen Geist, als ihr gläubig wurdet." Ob die Geistestaufe zusammen mit der Wiedergeburt geschieht oder aber eine zusätzliche Erfahrung darstellt, wird heiß diskutiert. Ich halte es mit Eph 1,13. Man kann allerdings annehmen und erleben, dass der Heilige Geist sich im Gläubigen weiter entfaltet, wenn wir ihm Raum geben und ihn nicht durch bewussten und dauerhaften Ungehorsam dämpfen und betrüben.

Die Geistesgaben sind in der Gemeinde verteilt. Es besitzt keiner alle Geistesgaben. Diese sind für die Gemeinde gegeben. Nicht jeder kann in Zungen reden oder weissagen. Falls >Zungenrede (richtiger: Sprachenrede, Reden in nicht erlernten Fremdsprachen) geschieht (ihre Notwendigkeit und biblische Legitimation in der heutigen Zeit, in der das Wort Gottes geschrieben vorliegt, ist umstritten), muss sie auf jeden Fall ausgelegt werden (1. Kor 14, 27 f.). Wichtiger als die spektakulären Gaben, die nicht heilsnotwendig sind und daher womöglich schon aufgehört haben, sind verständliche Lehre sowie Glauben, Liebe und Hoffnung (vgl. 1. Kor 12-14).

Ferner kann man unterscheiden zwischen natürlichen Gaben (wie Bildung, Redetalent etc.) und übernatürlichen Gaben wie Weissagung, Heilung etc.

Unterschieden wird auch zwischen den Gaben des Geistes und der Frucht des Geistes: Liebe, Freude, Friede, Geduld, Freundlichkeit, Gütigkeit, Treue, Sanftmut, Keuschheit (Gal 5,22 f.). Gottes Geist steht in Gegensatz zu den dämonischen Geistern der Religionen (1.Kor. 10,20), was heute leider oft übersehen und vermischt wird.

Lothar Gassmann

Evolution / Evolutionismus

1. Lehre: In der Biologie wird unter Evolution (E.) die Fähigkeit der Lebewesen verstanden, ihr äußeres Erscheinungsbild im Laufe der Zeit zu verändern. Gewöhnlich wird diese Fähigkeit der Wandelbarkeit der Lebewesen auf große Zeiträume extrapoliert und auf eine allgemeine Abstammung aller Arten von andersartigen Vorfahren geschlossen. Diese Gesamt-E. des Lebens soll durch einen Abwandlungs- und Verzweigungsprozess erfolgt sein, der zu einem Stammbaum des Lebens geführt haben soll. Nach den Vorstellungen der E.s-Theorie begann dieser Prozess in einem ersten einzelligen Urlebewesen, von dem die gesamte Vielfalt des Lebens abgeleitet wird. Neuerdings wird diskutiert, ob an der Basis des Lebens mehrere, vielleicht sogar zahlreiche Urformen standen. Der Mensch ist nach dieser Sichtweise Teil des Stammbaums des Lebens und stammt von affenartigen Tieren ab. Die ersten Lebewesen sollen im Rahmen einer sog. "chemischen E." aus toten Stoffen in sog. "Ursuppen" entstanden sein. Diskutiert wird auch eine Infektion mit Lebewesen oder ihren Vorstufen aus dem Weltraum. Die E. der Lebewesen wird in eine E. des Weltalls eingebettet, die ihren Anfang durch einen Urknall genommen haben soll. Die E.s-Anschauung ist heute im akademischen Raum nahezu unangefochten. Die E.s-Forschung verfolgt das erklärte Ziel, die Entstehung und Geschichte der Lebewesen vollständig naturgesetzlich zu erklären, so dass ein Schöpfer überflüssig erscheint. Auch das Verhalten des Menschen bis hin zu seiner religiösen Natur soll auf diese Weise durch tierische oder tiermenschliche Vorstufen erklärt werden. Insgesamt stellt sich die E.s-Anschauung als ein Gegenentwurf zur biblischen Schöpfungslehre dar.

2. Naturwissenschaftliche Kritik: Zahlreiche naturkundliche Daten können zwar im Rahmen von E.s-Theorien interpretiert werden, erlauben aber auch alternativ eine Deutung im Rahmen der biblischen Schöpfungslehre. Beispielsweise kann die abgestufte Ähnlichkeit der Lebewesen auf einen evolutionären Abstammungs- und Verzweigungsprozesses zurückgeführt werden, doch dieser Befund lässt sich ebenso gut als Indiz für einen gemeinsamen Urheber (Schöpfer) der Lebewesen deuten. Oder: Die beobachtbare *begrenzte* Veränderlichkeit der Lebewesen wird zwar als Beleg für eine allgemeine E. verwendet; dieser Befund ist jedoch auch ein wichtiger Baustein im Grundtypmodell der Schöpfungslehre. Danach gehen alle Lebewesen auf erschaffene Grundtypen zurück, die von Anbeginn an über ein großes genetisches Variationspotential verfügten, welches im Laufe der Generationen durch Spezialisierungs- und Anpassungsvorgänge ausgeschöpft wurde. Die E.s-Forschung konnte drei wesentliche Probleme nicht lösen:

a. Die Entstehung des Lebens. Es ist nicht bekannt, wie die essentiellen Bestandteile von Lebewesen - geschweige denn das Leben selbst - durch natürliche Vorgänge ohne geistige Konzepte entstanden sind (abgesehen von einfachsten Vorstufen).

b. Die Entstehung neuer Konstruktionen. Durch die bekannten E.s-Mechanismen kann zwar erklärt werden, wie bereits vorhandene komplexe Konstruktionen in gewissen Grenzen abgewandelt werden können, nicht aber, wie diese Konstruktionen *de novo* (neu) überhaupt entstanden sind.

c. Das Fehlen von Übergangsformen. Die Formenvielfalt der Lebewesen kann nach Grundtypen gegliedert werden. Zwischen verschiedenen Grundtypen fehlen regelmäßig verbindende Übergangsformen. Im Rahmen der Schöpfungslehre werden Grundtypen als Repräsentanten der geschaffenen Arten (nach 1 Mose 1) interpretiert.

Die Geschichte des Lebens kann als vergangenes Geschehen mit naturwissenschaftlichen Methoden nicht direkt untersucht werden; es ist nur möglich, im Rahmen *vorgegebener Anschauungen* (E., Schöpfung) die Beobachtungsdaten im Nachhinein einzupassen.

3. Biblische Bewertung: Auch dann, wenn Gott als Lenker oder Initiator der E. der Lebewesen angesehen wird, ergeben sich weitreichende Folgen für das biblische Heilsverständnis. Zwei von einer ganzen Reihe von Punkten sollen herausgegriffen werden: die Bewertung des Todes und das Verständnis und die Herkunft der Sünde. Das Neue Testament stellt klar (1 Kor 15,26), dass der Tod der Feind Gottes und der Widerspruch zum Leben ist, wie etwa an den Taten Jesu deutlich wird. Jesus Christus ist gestorben und auferstanden, um das Todes- und Sündenproblem des Menschen zu lösen. Im Rahmen einer wie auch immer gearteten E. ist der Tod dagegen ein notwendiger Faktor zur Hervorbringung des Lebens. Denn: Ohne Tod (individuelles Sterben und Aussterben von Arten) gibt es keine E., also kein Leben. Der Tod wird als schöpferisches Prinzip angesehen (wie manche es formuliert haben) und gehört zum Leben dazu wie die zweite Seite einer Münze. Der Tod war nach der E.slehre auch schon lange vor dem Auftreten des Menschen in der Welt und kann folglich nicht erst durch die Sünde in die Welt gekommen sein (Röm 5,12-19; 8,19-22). Paulus erläutert in Römer 5,12ff den Zusammenhang zwischen dem Einbruch der Sünde in die Welt durch den einen, Adam, und der Rechtfertigung durch den einen, Jesus. Im evolutionären Kontext gibt es diesen einen Adam gar nicht, denn die E. schreitet in Gruppen, nicht in Individuen oder Paaren, voran. Wenn demnach die Sünde und dadurch der Tod nicht durch den Ungehorsam des ersten Menschenpaares in die Welt eingedrungen sind, wenn vielmehr Gott selber als Lenker der E. beides von vornherein gewollt hat, dann ist die Tat Jesu am Kreuz und in der Auferstehung sinnlos und deplaziert. Gott kann unmöglich Leid und Tod als Evolutions- gleich: Schöpfungsprinzip verwendet haben (gottgelenkte E.), weil der Tod der Feind Gottes und des Lebens ist. Die E.slehre beinhaltet auch die Entstehung menschlicher Verhaltensweisen (auch der Sünden) durch E.s-

Prinzipien. Der Mensch ist nach dieser Meinung, wie er ist, weil er aus dem Tierreich stammt, nicht weil er ein in Sünde gefallenes Gottesbild ist. Damit wird deutlich, dass das Zentrum der biblischen Heilslehre von der E.slehre in Frage gestellt wird. Umgekehrt aber stellen sowohl die Bibel als auch die das Schöpfungsmodell vertretende Naturwissenschaft die E.slehre in Frage. S. hierzu ausführlicher: >Evolutionskritik; >Sintflut.
Lit.: R. Junker: Leben durch Sterben? Schöpfung, Heilsgeschichte und E.. Neuhausen-Stuttgart, 2. Aufl.1994; R. Junker & S. Scherer: E. - ein kritisches Lehrbuch. Gießen, 5. Aufl.2001; Studiengemeinschaft Wort und Wissen: E. (o)der Schöpfung. Holzgerlingen, 4. Aufl.2001.
Reinhard Junker

Evolutionskritik: S. auch >Evolution. Grundlagen des Evolutionismus sind: a. Entwicklung von "Leben" - aus unbelebter Materie beginnend - durch Mutation und Selektion. b. Diese Art der Entwicklung erfordert zwangsläufig das Vorhandensein von Zwischenstufen in den Fossilien, große Zeiträume (Millionen / Milliarden von Jahren) sowie Sprung- bzw. Makro-Mutationen (d.h. zum Beispiel die Entwicklung eines funktionsfähigen Organs in einem Schritt: Zwischenstufen bieten keinen Selektionsvorteil). Im Folgenden sind wesentliche Einwände gegen den Evolutionismus aus verschiedenen Fachbereichen zusammengefasst.

1. Einwände aus dem Bereich der Biologie:
a. Aus allen heute bekannten Mutationsuntersuchungen folgt, dass Mutationen in der Regel schädlich sind und damit keinen Selektionsvorteil begründen.
b. Es gibt bis heute keine experimentelle Bestätigung für eine evolutionistische Veränderung von Lebewesen, z.B. den Sprung zwischen verschiedenen Arten.

c. Die heute bekannten Lebewesen sind bereits als Fossilien im Kambrium - also am Anfang der Entwicklung - dokumentiert worden (siehe auch bei Paläontologie): Warum fand keine Weiterentwicklung statt?

d. Für die gesamte Steuerung in den Lebewesen - z.B. für die Koordination von Organen und Funktionen - gibt es bis heute keine evolutionistische Erklärung: "Woher kommt die Software?"

e. Die Definition, was ein Selektionsvorteil für ein Lebewesen darstellt, ist wissenschaftlich umstritten wegen ihres willkürlichen Charakters. Damit ist aber auch jede Deutung von "Evolution" willkürlich.

f. Bis heute ist ungeklärt, warum die Entwicklung von "Leben" schlagartig ohne Vorstufen im Kambrium beginnt.

2. Einwände aus dem Bereich der Physik:

a. "Leben durch Evolution" ist aufgrund der 3 Hauptsätze der Thermodynamik nicht möglich. Insbesondere ist der 2. Hauptsatz verletzt, der besagt, dass die Entropie in einem abgeschlossenen System nur zunehmen kann.

b. Die Wahrscheinlichkeit, dass Leben aus unbelebter Materie "von selbst" durch Zufall entstehen könnte, ist mathematisch so extrem gering, dass auch ein Vielfaches des heute angenommenen Erdalters von einigen Milliarden Jahren dafür nicht ausreicht.

c. Die von der Evolutionstheorie postulierten langen Entwicklungszeiten (4,4 Milliarden Jahre) können messtechnisch nicht belegt werden, auch nicht mit Hilfe radioaktiver Zerfallsprozesse. Die hier zugrunde liegenden physikalischen Prozesse setzen für den Messzeitraum die Konstanz der Umweltbedingungen voraus - was aber mit Sicherheit nicht der Fall ist bzw. nicht nachgewiesen werden kann.

Beispiele: Nach dem Ausbruch des Mt. Helens (USA) um 1990 stellte man mit den genannten Messmethoden ein Alter des Lavagesteins von 30 000 Jahren fest - das Gestein war aber nur wenige Jahre alt. Beim Vulkanausbruch in Hulali/Hawaii im Jahr 1800/1801 ergab die Alters-Analyse mit der Kalium-/Argon-Methode in den 60er Jahren des 20. Jh.s: 160 Millionen Jahre. Heute weiß man, dass immer dann, wenn vulkanische Prozesse im Spiel sind, die Messverfahren versagen - wobei aber gerade diese Prozesse entscheidend waren in der Entstehungsgeschichte der Erde. Überall bei den in den Gesteinsschichtungen aufgefundenen Fossilien ist der Hinweis auf weltweite Naturkatastrophen unübersehbar. Damit wird aber jegliche Extrapolation von Messungen aus heutiger Zeit zu einem mehr als fragwürdigen Unternehmen. In der Praxis entscheidet die "Geologische Zeitskala" über die Akzeptanz von radiometrischen Feststellungen. (Radiometrische Messergebnisse haben deshalb den Status von "Modellzeiten".) Deshalb kann die Radiometrie nicht über die Richtigkeit der "geologischen Zeitskala" befinden.

3. Einwände aus dem Bereich der Paläontologie:
a. Der plötzliche Start von Leben mit der Dokumentation von Fossilien im Kambrium schließt Vorstufen aus.
b. Diese im Kambrium gefundenen Fossilien sind von der gleichen Art und von gleicher Komplexität wie die Lebewesen heute.
c. Es sind bis heute keine "missing links" (fehlende Glieder) gefunden worden, die in Expertenkreisen allgemein akzeptiert worden sind.
d. Entsprechend der Evolutionstheorie müsste es in dem gesamten Entwicklungszeitraum nicht nur unzählige Fossilien mit positiven Mutationen (= Selektionsvorteil), sondern auch eine Fülle von negativen Mutationen bzw. abgebrochenen Entwicklungen geben: Man findet weder das eine noch das andere.

4. Einwände aus dem Bereich der Ethik:
Entsprechend dem Evolutionismus besteht das "Gesetz des Lebens" darin, dass "starke" Entwicklungen "schwache" Entwicklungen verdrängen und im allgemeinen Sinn "kranke" Lebewesen zugrunde gehen müssen. Diese Deutung des Lebenswertes wurde bereits zur Zeit Darwins auf Menschen übertragen (vgl. die Philosophie Nietzsches). Ernst Haeckel (1834-1919; führender deutscher Zoologe, Erfinder des inzwischen widerlegten "biogenetischen Grundgesetzes") hat dieses Gedankengut aufgenommen und damit in der Zeit des >Nationalsozialismus eine führende Rolle gespielt. Ergebnis: >Euthanasie (Vernichtung von kranken Menschen) und ethnische "Säuberungsaktionen" (Judenpogrome; Vernichtung von "rassisch minderwertigen Volksgruppen").

5. Ergebnis: Die allgemein übliche Vorgehensweise zur Bestätigung oder Widerlegung einer Theorie lautet: Bieten die experimentellen Beobachtungsergebnisse eine bessere Übereinstimmung mit der ersten Theorie als mit der zweiten, dann ist die erste Theorie die bessere. Aus der Evolutionstheorie folgt zwangsläufig das Auftreten von Lebens-Zwischenformen und von "halbfertigen Organen". Aus der Schöpfungstheorie folgt zwangsläufig, dass man diese Zwischenformen bei den Fossilien nie finden wird. Wertet man alle heute zugänglichen Informationen nach diesem Verfahren, dann ist die "Schöpfungstheorie" in wesentlich besserer Übereinstimmung mit den Fakten. Sie braucht keine weiteren Hilfstheorien, lässt wesentlich weniger Lücken in der Bewertung von Funden offen und lässt nachprüfbare Schlussfolgerungen zu. Die genannten Kritikpunkte für die Evolutionstheorie lösen sich mit dem "Schöpfungsansatz" weitgehend auf, auch wenn hier sicherlich noch manche Forschungsarbeit zu tun ist. Die Evolutionstheorie genügt weder naturwissenschaftlichen Mindestanforderungen noch ist sie in sich logisch. Sie steht zu vielen gesicherten Er-

kenntnissen und zu einigen physikalischen Grundgesetzen im fundamentalen Widerspruch. Da sie als Ablösung des biblischen "Schöpfungsansatzes" konzipiert wurde und in ihren wichtigsten Aussagen nicht beweisbar bzw. widerlegt ist, ist der Evolutionismus im weitesten Sinn eine >Religion und keine Wissenschaft. Entsprechend ihrem religiösen Fundament verhalten sich die Vertreter der Evolutionstheorie auch so: Es wird keine Alternative zugelassen. Gegner werden aggressiv bekämpft. Eigene Forschungsergebnisse, die nicht konform sind mit ihren Theorien, werden für die Öffentlichkeit so gut es geht unterdrückt. Das ist besonders fatal für den Schulbetrieb, in dem viele, eindeutig falsche Aussagen immer noch gelehrt werden (z.B. das "biogenetische Grundgesetz" von Haeckel trotz seiner Widerlegung durch E. Blechschmidt). Auf eine Umkehr ist zu hoffen.
S. auch: >Evolution/Evolutionismus; >Sintflut; >Apologetik.
Lit: s. >Evolution
Ralf Krüger

Exklusivismus (lat. excludere = ausschließen): Hier handelt es sich um die "Nur-Wir-Mentalität": Nur die eigene Gemeinde und die Zugehörigkeit zu ihr ermögliche ausschließlich (exklusiv) das Heil. Alle, die außerhalb stehen, würden nicht gerettet, seien abgefallen und würden "Babylon" darstellen. Dies führt zu sektiererischem Nischendasein (lateinisch "secare" = "abschneiden", "aussondern"; >Sekte).
Kritik: Der unsichtbare Leib Christi aus allen Denominationen übersteigt die denominationellen Grenzen. Es gibt wiedergeborene Christen in wohl allen Volks- und Freikirchen, vielleicht auch bei manchen Sekten, wenn Sektenmitglieder ihre eigene Lehre gar nicht verstanden haben und doch persönlich an Jesus Christus als ihren Erlöser und Herrn glauben. Allerdings geht

es nicht darum, eine Einheit um jeden Preis zu erringen, sondern es geht um eine Einheit in Liebe und Wahrheit.
S. auch: >Sekte; >Einheit; >Ökumene.
Lothar Gassmann

Faschismus

Die Französische Revolution war nicht nur Ausgangspunkt liberaler Freiheitsgedanken und heute gesellschaftlich akzeptierter individueller Menschenrechte, sondern auch geistige Wurzel der schlimmsten totalitären Ideologien und Systeme des 19. und 20. Jahrhunderts: >Kommunismus und >Nationalsozialismus. Sowohl Kommunismus wie extremer Nationalismus entwickelten sich aus dem Gedankengut und der Praxis der Französischen Revolution. Besonders der von den Verfechtern des marxistischen Kommunismus und des nationalistischen F. eingesetzte Terror hat seine Entsprechung in den extremistischen Ideen und Taten der Aufklärer und der Jakobiner wie Robespierre (1758-1794). Im F. haben wir ein Herrschafts- und Gesellschaftsmodell vor uns, das sozialistisch-kommunistische und nationalistisch-traditionalistische Elemente in sich vereint. Deshalb ist die deutsche Bezeichnung „Nationalsozialismus" durchaus sachgerecht. Allerdings wäre ist es eine Verharmlosung des deutschen Nationalsozialismus, würde man diesen nur als eine Spielart des international auftretenden F. bezeichnen. Vielmehr war der deutsche Nationalsozialismus eine heidnisch und darwinistisch geprägte, besonders extreme und besonders terroristische Form des F.
Andere Ausprägungen des F., besonders im slawischen Bereich, nehmen auch klerikales Gedankengut, etwa der Orthodoxen (Pan-Slavismus) oder der Römisch-Katholischen Kirche (Ustascha in Kroatien) auf. Der F. vertritt auf der einen Seite scheinbar solide konservative Werte wie Moral, Selbstaufopferung für höhere Werte, den Kampf für allgemeine Sicherheit

und Ordnung oder völkische Traditionen. Gleichzeitig tritt er sozial-revolutionär, antiliberal, antiparlamentarisch und antikapitalistisch auf. Zur Durchsetzung seiner Ziele nutzt er wenn nötig Revolutionen, Putsche, Umstürze, Bürgerkrieg und jede Form inneren und äußeren Terrors. Soziale und politische Krisensituationen treiben ihm einfach strukturierte Menschen, verunsicherte Gesellschaftsgruppen und Verlierer der aktuellen Entwicklungen zu. So kamen in den wirtschaftlichen Krisen und moralischen Wirren nach dem Ersten Weltkrieg sowohl der Kommunismus in Russland wie der F. in Italien und später in Deutschland und anderen Staaten als revolutionäre Bewegung an die Macht.

Die Bezeichnung „Faschist" als unredliches Totschlagargument der Linken

Linke Politologen bezeichnen fast alle rechts gerichteten, autoritär geführten Länder als faschistisch. Sie verstehen F., wie es die kommunistische Geschichtsschreibung definierte, als aggressive Form des >Kapitalismus. Diese Sicht ist schon deshalb falsch, da der F. in sozialen Fragen linken Ideen viel näher steht als konservativen oder liberalen. Nach der linken Einordnung des F. müsste man Spanien unter General Franco (1939-1975), Portugal unter General Carmona und später Salazar (1926-1974), Griechenland unter den Obristen (1967-74) und etliche lateinamerikanische Länder, die zeitweise unter Militärherrschaft standen, als faschistisch einordnen. Bei konsequenter Beibehaltung dieser Einordnungen müsste man aber auch die meisten bis Ende des 20. Jahrhunderts sozialistisch geführten arabischen Staaten (Syrien, Ägypten, Irak) als faschistisch bezeichnen. Dies tun die linken Politologen nicht. Oft dient die Bezeichnung „F." oder „faschistisch" als linkes Totschlagargument, um konservative Kritiker mundtot zu machen.

Schlussfolgerung für Christen
F. ist eine zur Bewegung und zum Staatsgedanken gewordene Spielart des von Gottes Geboten gelösten menschlichen Herrschaftsanspruchs und Denkens. Er ist somit eine Konsequenz des antichristlichen Geistes der Aufklärung. Der bereits in der französischen Revolution erkennbare extreme Nationalismus ist eine Form hochmütiger, sündiger Herzenshaltung, nämlich eines volksweiten Egoismus. Die Übertragung der darwinschen Ideen von der Entstehung der Arten durch den Sieg des Stärkeren über das Schwächere gibt dem F. seinen besonders brutalen Zug und offenbart den antichristlichen Geist des Darwinismus (>Evolution). Das Wiederaufkommen vorchristlicher Religion und Philosophien, wie des römischen oder germanischen Heidentums, offenbart ebenfalls den antichristlichen Charakter des F. Aber auch hier sieht man Parallelen zum heidnischen Kult in der Französischen Revolution (Kult um die in Paris verehrte „Göttin der Vernunft"). Es gibt auffallende Ähnlichkeiten zwischen dem faschistischen Staats- und Gesellschaftsmodell und dem in Offenbarung 13 geschilderten Herrschaftsmodell unter dem Antichristen. Der von Paulus erwähnte charakterliche Verfall der endzeitlichen Menschheit wurde im F. prägende Kraft: „Das sollst du aber wissen, dass in den letzten Tagen schlimme Zeiten kommen werden. Denn die Menschen werden viel von sich halten, geldgierig sein, prahlerisch, hochmütig, Lästerer, den Eltern ungehorsam, undankbar, gottlos, lieblos, unversöhnlich, verleumderisch, zuchtlos, wild, dem Guten feind, Verräter, unbedacht, aufgeblasen. Sie lieben die Wollust mehr als Gott" (2. Tim 3,1-4).
Ganz gleich, in welcher Form der F. auftritt, ob offen heidnisch oder klerikal, Christen müssen sich von derartigen Geisteshaltungen fern halten.
Lit. zur Beurteilung: F. Schaeffer, Wie können wir denn leben?, 1977   Rainer Wagner

Feminismus: Der F. (von lat. femina = die Frau) prägt die heutige Frauenbewegung und weite Teile der Politik. Die heutige Frauenbewegung ist nicht identisch mit der klassischen Frauenbewegung des 19. Jahrhunderts. Die Frauenbewegung des 19. Jahrhunderts hatte sich für die gesellschaftliche und rechtliche Gleichstellung der Frau eingesetzt und diese durch überwiegend ruhige und sachliche Argumentation zum Teil erreicht (z. B. Wahlrecht, bessere Bildungsmöglichkeiten und Arbeitsbedingungen für Frauen). Diese Bewegung wurde in starkem Maß von christlich geprägten Frauen getragen. Einzelne radikale Stimmen, die eine "neue Ethik", eine Beseitigung aller sexuellen Tabus und eine Freigabe der >Abtreibung forderten, hatten innerhalb der damaligen Frauenbewegung keine Chance. Inzwischen hat sich das Blatt total gewendet. Die radikalen Kräfte sind es nun, die das Gesicht der heutigen Frauenbewegung prägen. Gefordert wird nicht mehr nur eine Gleichstellung, sondern eine Gleichmachung der Geschlechter. Biblisch-christliche Aussagen - beispielsweise über die schöpfungsmäßige Verschiedenheit von Mann und Frau - werden ebenso als "patriarchalisch" und "veraltet" beiseite geschoben wie biblische Gebote. Die heutige Frauenbewegung ist nicht mehr durch den biblisch-christlichen Glauben, sondern ganz und gar durch die unbiblische Ideologie des F. geprägt. Radikale Feministinnen propagieren anstelle der Verehrung des – angeblich „männlichen – Gottes der Bibel weibliche Gottheiten aus Naturreligionen. Wer nicht so weit geht, versucht, Gott „weibliche Attribute" zuzuschreiben („Gottmutter", „Jesa Christa", Heilige Geistin"), so z.B. in der sogenannten „Bibel in gerechter Sprache".

Ziele des F. sind:
a. Kampf gegen den "Sexismus" (Benachteiligung oder Unterdrückung wegen des Geschlechts). Er führt bis zu einer Veränderung der Sprache und der Kleidung.

b. Überwindung des Patriarchats (wörtl.: Vaterherrschaft), dem Männerherrschaft, Ungerechtigkeit und Unterdrückung unterstellt werden. Ziel ist dabei die Feminisierung (Verweiblichung) der Gesellschaft.

c. Totale Aufhebung der geschlechtsspezifischen Aufgabenverteilung. Nach Auffassung von Feministinnen wird man zur Frau nicht geboren, sondern (von der Gesellschaft) gemacht. (Vgl. einen Buchtitel von U. Scheu: "Wir werden nicht als Mädchen geboren - wir werden dazu gemacht").

d. Vollkommen frei auslebbare Sexualität bis hin zu Lesbianismus und Inzest. Dem leistet ein neuartiges Körperbewusstsein, das an heidnische Mutterkulte und ähnliches anknüpft, Vorschub.

e. Die Schaffung des androgynen Wesens (mannweibliches Zwitterwesen) der Zukunft, das die jeweils wertvollen männlichen und weiblichen Eigenschaften in sich vereinigen und das kommende Weltfriedensreich schaffen soll.

Der Historiker Prof. Lutz v. Padberg schreibt hierzu: "Die Frauenbewegung des 19. Jahrhunderts vertrat in konsequenter Weiterentwicklung der Menschenrechte berechtigte Ziele, die in der rechtlichen Gleichstellung der Frau auch erreicht wurden. Der heutige F. benutzt aufgrund fortbestehender Diskriminierungstendenzen zwar die Anknüpfung an diese Frauenbewegung als Legitimation, verfolgt aber dennoch grundsätzlich andere Ziele. Der F. entstand im Zusammenhang mit der Studentenrevolte der 60er Jahre und dem Kampf gegen den § 218 (bundesdeutscher Abtreibungsparagraph).

Der F. wurzelt ideologiegeschichtlich in den Idealen der Subkultur, der neomarxistischen Emanzipationsidee der Kritischen Theorie und der Anthropo-Ontologie der Hoffnung von Ernst Bloch. Der F. lehnt in enger Affinität zum (marxistischen) Sozialismus die gegenwärtige Gesellschaft als Ausdruck eines repressiven Patriarchats radikal ab. Dabei wendet er sich besonders gegen die Familie. Der F. strebt eine Kulturrevolution an, deren Ziel letztlich das androgyne Wesen als neuer Mensch einer friedlichen Welteinheitsgesellschaft ist. In seinem ganzen Erscheinungsbild ist der F. Ausdruck jener prometheischen (menschlich-selbstüberheblichen) Grundhaltung, die in antichristlicher Einstellung ein determiniertes Bild von der Geschichte hat, die Entfremdung des Menschen auflösen zu können glaubt und meint, das Paradies auf Erden aus eigener Kraft bilden zu können" (L. v. Padberg, Der Feminismus, in: P. Beyerhaus, Frauen im theologischen Aufstand, 1983, 83f.).

Welche *Strategien* wendet die feministische Bewegung an? "Die Strategien reichen von der großen Verweigerung über den totalen Klassenkampf bis hin zur handgreiflichen Vernichtung der Männer. In vielen Schriften wird die marxistische Klassenanalyse auf die Geschlechterbeziehung übertragen, indem die Frauen als die unterdrückte Klasse bezeichnet werden. Konsequenterweise ist dann der Klassenkampf die einzige Methode der Überwindung. Kate Millet (in: Sexus und Herrschaft) propagiert dafür die feministische Revolution. Stationen auf diesem Weg sind der Kampf gegen die Mutterschaft und den Zwang von Fortpflanzung und Kindererziehung, die Verweigerung der Hausarbeit, die Ablehnung der sozialen Konditionierung und die Schaffung eines neuen Bewusstseins der Frauen als Kampfklasse (vgl. M. della Costa, Die Macht der Frauen und der Umsturz der Gesellschaft)" (a.a.O., 77f.).

Was sagt demgegenüber die *Heilige Schrift*? Gott "schuf den Menschen zu seinem Bilde, zum Bilde Gottes schuf er ihn; und er schuf sie (nicht: ihn) als Mann und Frau" (1. Mose 1, 27; vgl. 1. Mose 5, 2). Die biblische Schöpfungsordnung kennt die Menschen nicht als zweigeschlechtliche Zwitterwesen, sondern von Anfang an als *Mann und Frau* in ihrer jeweiligen Geschlechtlichkeit. (Das wird vollends am Fruchtbarkeitssegen 1.

Mose 1, 28 deutlich, der nur angesichts eines Menschen*paares*
- vgl. den Plural! - einen Sinn ergibt). Gegen alle Vereinheitli-
chungstendenzen ist zu sagen: Die Geschlechter sind gleichwertig, aber nicht gleichartig. Sowohl der Mann als auch die
Frau haben je ihre geschlechtsspezifischen Eigenarten, Stärken
und Schwächen von ihrer Anlage her mitbekommen. Gerade
die Unterschiede zwischen Mann und Frau machen das Zusammenleben interessant und bereichern die Schöpfung unge-
mein. Wer diese Unterschiede einebnen will, stellt sich nicht
nur gegen die göttliche Schöpfungsordnung, sondern leistet
auch der Phantasielosigkeit Vorschub. Ebenso deutlich ist zu
sagen, dass die Unterschiede nicht zu einer Unterdrückung und
Ausbeutung des Schwächeren durch den Stärkeren missbraucht
werden dürfen. Mann und Frau sind gleichermaßen nach Gottes Bild geschaffen. Beider Würde ist unantastbar.

Die *Einehe* zwischen Mann und Frau ist nach dem Zeugnis der
Bibel nicht eine unter mehreren gleichberechtigten Partner-
schaftsformen, sondern die einzige, die Gottes Schöpfungsordnung und -auftrag entspricht und von ihm eingesetzt und ge-
segnet ist (vgl. 1. Mose 1,27ff.; 2, 24). Sie allein bietet durch
ihre Dauerhaftigkeit die nötige Geborgenheit für Ehegatten und
Kinder; sie allein vermag die Partner vor Ausbeutung und se-
xuellem Missbrauch durch andere zu schützen. Im Neuen Testament wird sie sogar als Abbild der Beziehung zwischen Gott
und der christlichen Gemeinde gesehen (Eph. 5, 22 ff.). Dagegen wird Polygamie (Mehrehe) im Alten Testament von Gott
allenfalls geduldet, zumeist aber bestraft (vgl. 1. Mose 16; 2.
Sam 11f. u. Ps 51; 1. Kön 11), für das Neue Testament ist sie
völlig indiskutabel. Lesbianismus, >Homosexualität und andere Perversionen sind für Gott ein Gräuel (3. Mose 18; Röm
1,26ff.; 1. Kor 6,9ff.). Wenn sie im Altertum im Zusammenhang mit heidnischen Kulten auftraten, sind sie deshalb heute
nicht gutzuheißen, sondern gerade dadurch als Verirrungen

qualifiziert, die mit Unglauben und Sünde zusammenhängen. Körperliche Liebe außerhalb der Ehe wird in der Bibel als "Unzucht" bezeichnet (griech. porneia; vgl. 1. Kor 5f.; Hebr 13,4 u.ö.) und kommt einem Ehebruch gleich (vgl. besonders 1. Kor 6,16ff.). Vorehelicher Geschlechtsverkehr war in biblischer Zeit fast unvorstellbar; an den deshalb wenigen Stellen, die auf ihn Bezug nehmen, wird er als negativ und nicht gottgewollt beurteilt (5. Mose 22,13ff.; 2. Sam 13). Wer für sogenannte freie Liebe eintritt, kann sich damit nicht auf die "christliche Freiheit" berufen. Er muss sehen, dass Freiheit im biblischen Sinne nicht Willkür und Zügellosigkeit bedeutet, sondern Freisein für Gott, für den Dienst Gottes (vgl. wieder 1. Kor. 6). Der Missbrauch der Sexualität, einer von Gott geschenkten Gabe, kann niemals Ausdruck christlicher Freiheit sein.

Zur *Abtreibungsfrage* ist von der Bibel her zu sagen: Der Mensch ist in jedem Lebensabschnitt ganz Mensch, und das Gebot "Du sollst nicht töten!" (2. Mose 20, 13) gilt mithin genauso für das ungeborene wie für das bereits geborene Kind. Nach dem Zeugnis der Bibel weiß Gott schon vor der Geburt, ja vor seiner Zeugung um den einzelnen Menschen und wendet ihm seine Liebe zu (vgl. etwa Hi 10,8ff.; Ps 22,11; Ps 71,6; Ps 139,13ff.; Jes 46,3; Jer 1,5; Luk 1,15.41.44). Nichts auf der Erde steht höher und ist schutzwürdiger als das menschliche Leben, und Motive wie Wohlstand oder Selbstverwirklichung haben dahinter zurückzutreten. Es ist eine bemerkenswerte Perversion ethischen Denkens, wenn einerseits verschärfter Tierschutz gefordert wird, gleichzeitig jedoch unerwünschtes menschliches Leben zur Tötung freigegeben werden soll.

Der Rückfall in *heidnische Kulte und Naturreligionen* (z.B. "Mutterreligionen", Verehrung von "Göttinnen") ist eine schwere Sünde, die das Gericht Gottes auf sich zieht (vgl. das Erste Gebot in 2. Mose 20 sowie die gesamte biblische Heilsgeschichte). Gott, der in der Bibel als „Vater" bezeichnet wird, hat sich in seinem Sohn (nicht Tochter) Jesus Christus geoffenbart. Indem er zugleich „Geist" ist, steht er über den Geschlechtern und lässt sich – abgesehen von seiner freiwilligen >Inkarnation in >Jesus Christus – nicht in irdischgeschöpfliche Kategorien hineinziehen. „Gott ist Geist, und die ihn anbeten, die müssen ihn im Geist und in der Wahrheit anbeten" (Joh 4,24).

S. auch: >Abtreibung; >Ehe; >Frau in der Gemeinde; >Jesus Christus; >Götzendienst; >Ökumene der Religionen.

Lit.: L. v. Padberg, "Der Feminismus: Historische Entwicklung - ideologische Hintergründe - kulturrevolutionäre Ziele", in: P. Beyerhaus (Hg.), Frauen im theologischen Aufstand. Eine Orientierungshilfe zur "Feministischen Theologie", 1983; J. Motschmann, Feministische Theologie. Rückkehr der Göttinnen, 2000.

Lothar Gassmann

Fideismus ist abgeleitet vom lateinischen „fides" = „Glaube". Der F. ist genauso fragwürdig wie der >Rationalismus, gegen den er eigentlich gerichtet ist. Hier wird gesagt, dass der Glaube der einzige Zugang zu Gott und deshalb jeder Vernunftgrund und –beweis ausgeschlossen sei. Während der Rationalismus behauptet, dass wir mit der Vernunft alles begreifen können, meint der F., dass nur der Sprung des Glaubens überhaupt etwas verstehen kann. Sören Kierkegaard, der bekannte dänische Philosoph des 19. Jahrhunderts, sagte, Wahrheit sei subjektiv, personal und nur paradox erfahrbar. Ein „Glaubenssprung" sei nötig, um der Wahrheit existentiell zu begegnen. Subjektiv werde die Wahrheit im Paradox, im Gegensätzlichen, erfasst. Sicherlich hat Kierkegaard hier etwas von der Größe Gottes verstanden, den wir ja nicht mit der Ratio, d.h. mit Vernunft, „greifen" können. Immerhin betonte auch er, dass Gott nicht unvernünftig ist, sondern übervernünftig. Durch die Sünde bedingt, können wir ja von uns aus nicht zu Gott vordringen.

Ähnlich argumentierte auch Karl >Barth, wohl einer der bedeutendsten Theologen des 20. Jahrhunderts. Dieser prägte den bekannten Satz: „Gott wird nur durch Gott erkannt". Gott könne also nur durch sich selbst erkannt werden. Barth lehnte jede „natürliche Theologie" ab, die meint, dass Gott in der Schöpfung, im Gewissen oder in der Geschichte erfassbar sei. Dies würde er ausgrenzen und sagen, dass Gott nur in seinem Sohn erkannt werden könne. Man warf ihm deshalb „Christomonismus" vor, d.h. die Behauptung, dass allein in Christus Gott zu erkennen wäre.

Sicherlich liegt etwas Richtiges in dieser Radikalität, dennoch ist seine Behauptung zu einseitig. In der Kritik an Barth haben Paul Althaus und Emil Brunner argumentiert, dass der Mensch, um zu erkennen, dass er einen Erlöser braucht, erst erkennen muss, dass er Sünder ist. Dies kann er nur, wenn er seine Geschöpflichkeit und Gefallenheit erkennt. Aber dies geschieht eben durch das Gewissen, durch die Schöpfung und durch heilsgeschichtliche Abläufe, so dass wir erkennen, dass wir überhaupt einen Erlöser brauchen. So gibt es eine Theologie vor Jesus Christus, weil dieser Zeitabschnitt vorbereitend für die Heilsoffenbarung ist, die dann in Jesus Christus vollkommen und heilbringend geschehen ist.

Zusammenfassend kann folgendes zur Kritik am F. gesagt werden: Gott ist in der Tat übervernünftig, die menschliche Vernunft überschreitend. „Sola fide", allein durch Glauben, können wir Gott erkennen. Andererseits hat Gott doch seine Spuren in der Schöpfung hinterlassen. Man spricht hier von „vestigia trinitatis", von Spuren der Dreieinigkeit, die auch in der Schöpfung vorhanden sind. Gott hat sich in der Schöpfung bezeugt. Glauben und Erkennen sind keine Gegensätze. Gerade im Johannesevangelium wird immer wieder betont, dass die

Apostel „geglaubt und erkannt" haben, dass Jesus „der Heilige Gottes" ist (Joh 6,69). Es handelt sich also nicht um einen blinden Glauben, sondern um einen Glauben, der mit Erkennen zusammenhängt. Insofern dürfen wir auch Gottes-Hinweise ernst nehmen. Der Begriff „>Gottesbeweise" ist missverständlich, also spricht man besser von Gottes-Hinweisen.
Lothar Gassmann

Friedensbewegung: Die F. ist Anfang der 80er Jahre in der Bundesrepublik Deutschland zu einer wahren Massenbewegung angewachsen. Zwar zählten nach Schätzungen nur 1,5 bis 3 Millionen Bundesbürger direkt zur F., doch war der Kreis der Sympathisanten - besonders bei Jugendlichen - erheblich größer. Der Hauptgrund dürfte in der gesteigerten Kriegsangst zu suchen sein. Im Koordinationsausschuss der F. saßen 1983 (zum Zeitpunkt der Raketenstationierung) folgende Organisationen: Aktionsgemeinschaft Dienst für den Frieden (AGDF), Aktion Sühnezeichen/Friedensdienste (AS/F), Anstiftung der Frauen für den Frieden, Arbeitsgemeinschaft Sozialdemokratischer Frauen (ASF), Bundeskongress Autonomer Friedensgruppen (BAF), Bundeskongress entwicklungspolitischer Aktionsgruppen (BUKO), Demokratische Sozialisten (DS), Deutscher Gewerkschaftsbund - Abt. Jugend (als Beobachter), Evangelische Studentengemeinde (ESG) - Föderation gewaltfreier Aktionsgruppen (FÖGA), Die Grünen, Gustav-Heinemann-Initiative, Initiative für Frieden, internationalen Ausgleich und Sicherheit (IFIAS), Initiative Kirche von Unten (IKvU), Jungdemokraten – Bundesvorstand, Jungsozialisten in der SPD – Bundesvorstand, Komitee für Grundrechte und Demokratie, Konferenz der Landesschülervertretungen NW, Koordinationsstelle Ziviler Ungehorsam, Liberale Demokraten (LD), Ohne Rüstung leben, Pax Christi, Sozialistische Jugend Deutschlands "DIE FALKEN" – Bundesvorstand, Deutsche

Friedensgesellschaft-Vereinigte Kriegsdienstgegner (DFG-VK), Deutsche Friedens-Union (DFU), Frauen in der Bundeswehr? - Wir sagen nein, Komitee für Frieden, Abrüstung und Zusammenarbeit (KOFAZ), Sozialistische Deutsche Arbeiterjugend (SDAJ), Vereinigte Deutsche Studentenschaften (VDS), Vereinigung der Verfolgten des Naziregimes - Bund der Antifaschisten (VVN-BdA).

Aus diesen Organisationen schälten sich in weltanschaulicher Hinsicht vor allem drei Hauptgruppen heraus: a) Christlich-pazifistische Gruppen aus dem evangelischen und katholischen Bereich: Aktion Sühnezeichen/Friedensdienste; Evangelische Studentengemeinde; Initiative Kirche von Unten; Ohne Rüstung leben; Pax Christi u. a. b) Sozialisten und "undogmatische" (nicht moskauorientierte) Marxisten: Demokratische Sozialisten; Komitee für Grundrechte und Demokratie; Sozialistische Jugend Deutschlands "Die Falken"; zum Teil auch die Jungdemokraten und Jungsozialisten u. a. c) Gruppierungen aus dem Umfeld der (moskauorientierten) DKP (d. h. Organisationen, die laut Verfassungsschutz-Bericht von der DKP zumindest beeinflusst waren): Deutsche Friedens-Union; Komitee für Frieden, Abrüstung und Zusammenarbeit; Sozialistische Deutsche Arbeiterjugend; Vereinigung der Verfolgten des Naziregimes; Bund der Antifaschisten u. a. Angesichts solcher unterschiedlicher Ausgangspositionen (und damit auch unterschiedlicher Zielsetzungen) ist Streit innerhalb der F. nicht ausgeblieben. Diskutiert wurde u. a. über folgende Fragen: Raus aus der NATO - oder nicht? Einseitige totale - oder beiderseitige schrittweise Abrüstung? Schweigen über das Unrecht in sowjetsozialistischen Regimen - oder Solidarität mit polnischen und anderen Befreiungsbewegungen? Friede durch den weltweiten Sieg kommunistischer oder kapitalistischer Ideologie - oder durch beiderseitigen Verzicht auf Durchsetzung jeglicher Ideologie und Abbau von Feindbildern? Einen schweren Rückschlag erlebte die F. 1984, als die christlichpazifistischen Gruppen ihre aktive Mitarbeit im Koordinationsausschuss aufkündigten. Am 28.11.1984 war in der Presse zu lesen:

„Die F. in der Bundesrepublik ist nach Erkenntnissen des Verfassungsschutzes von Beginn an durch orthodoxe Kommunisten erheblich beeinflusst worden ... Aus der bundesdeutschen F. lösen sich gegenwärtig die christlichen Gruppen. Ihnen sind unter anderem Bedenken gekommen, ob es der Sache des Weltfriedens nützt, wenn man sie in Aktionseinheit mit moskauhörigen Kommunisten betreibt. Nach deren Selbstverständnis ist der Friede bekanntlich deckungsgleich mit dem weltweiten Heraufziehen eines Sozialismus bolschewistischer (und atheistischer) Prägung" (AP-Meldung vom 28.11.1984).

Abgesehen von dieser ideologischen Einseitigkeit stellt sich grundsätzlich die Frage nach dem Menschenbild. Besonders an den Fragen, ob der Mensch von Natur aus gut ist und ob er das Gute aus eigener Kraft erreichen kann, entscheidet sich alles. Sämtliche Gruppen der F. haben ein optimistisches Menschenbild: "Der Glaube an den guten, aktivierbaren Kern im Menschen ist eine wichtige Voraussetzung für die Einstellungs- und Verhaltensänderung gegenüber dem angeblich feindlichen Volk" (Friedensmanifest der Grünen). Von diesem Menschenbild ausgehend, vertrauen sie auf den guten Willen der Völker und der einzelnen. Diese Sicht steht jedoch im Gegensatz zum biblischen Realismus, der sagt: „Das Dichten und Trachten des menschlichen Herzens ist böse von Jugend auf" (1. Mose 8,21; s. auch Ps 51,7; Röm 3; Röm 7 u.a.). Zur weiteren Beurteilung s.: >Kommunismus; >Friede; >Mensch; >Humanismus; >Neomarxismus; >Ideologie; >Grüne Ideologie.

Lit.: L. Gassmann, Grün war die Hoffnung. Geschichte und Kritik der grünen Bewegung, 1994

Lothar Gassmann

Genderismus (engl. Gender Mainstreaming) stellt das autonom bestimmte Geschlecht (lat. genus) gegen das von Gott vorgegebene biologische Geschlecht (griech. sexos). G. ist der vom radikalen >Feminismus und >Neomarxismus angestoßene, selbstüberhebliche Versuch, das Geschlecht selber zu bestimmen - mit allen Folgen von der Veränderung der Kleidung bis hin zur operativen Geschlechtsumwandlung. G. besitzt konsequenterweise besonders in der Homosexuellen- und Lesbenbewegung seine Verankerung (>Homosexualität). Aus biblischer Sicht ist G. Sünde und zum Scheitern verurteilt.
Zur Beurteilung s.: >Autonomie, >Feminismus, >Homosexualität.
Lothar Gassmann

Gnostizismus kommt vom griechischen Begriff „gnosis“: Erkenntnis. Hier will eine höhere Erkenntnis über den rettenden, einfachen Glauben hinausgehen. Es wird behauptet, dass übersinnliche Erkenntnisse notwendig seien, dass sich der Mensch in übersinnliche Sphären erheben und so Einblicke auch in die Geisterwelt bekommen soll. Diese höhere Erkenntnis, also die Gnosis, will den Glauben überbieten oder überflüssig machen. Die sogenannten Gnostiker blicken meist verächtlich auf die „Pistiker“, die „nur“ Gläubigen herunter (griech. pistis = der Glaube). So war es schon in neutestamentlicher Zeit, aber auch heute gibt es zahlreiche gnostische Systeme in fernöstlichen Religionen und in esoterischen Strömungen wie etwa der >Anthroposophie und der >Theosophie, aber auch in der Philosophie.
Kritik: Schon in neutestamentlicher Zeit wurde gegen die Gnosis gekämpft. In 1.Tim. 6,20 heißt es: „Bewahre, was dir anvertraut ist, und meide das ungeistliche lose Geschwätz und das Gezänk der fälschlich so genannten Erkenntnis (gnosis)!“ Im Johannesevangelium wird festgestellt dass „das Wort Fleisch“

wurde (Joh 1,14), und der Glaube wird als Voraussetzung des Erkennens betont. Glauben und Erkennen gehören also zusammen. Erkennen kann dabei nur im Rahmen der >Offenbarung Gottes erlebt werden. Die Gnosis findet ihre Wurzel in den Lügen der Schlange im Sündenfallbericht: „Eure Augen werden aufgetan und ihr werdet sein wie Gott und wissen, was gut und böse ist" (1. Mose 3,5). Dahinter aber lauert die Verführung Satans, der Gott verdrängen und den Menschen (angeblich) zu seinem eigenen Gott machen möchte, damit er das Heil verliert (>Dämonen).
S. ausführlicher die Ausführungen in: Kleines Sekten-Handbuch; Kleines Esoterik-Handbuch.
Lothar Gassmann

Grüne Ideologie: Drei wesentliche Ansätze zur Ideologienbildung, die für die politische Bewegung der Grünen maßgeblich sind, sind der >Relativismus, der Optimismus und der Illusionismus. Die Grünen sind Relativisten. "Alles ist relativ", heißt der Wahlspruch einer Generation, die in der Sinnkrise steckt. Die Relativierung, d.h. die Verwässerung aller Werte ist damit vorprogrammiert. Aus dieser Haltung ergibt sich also einerseits eine Auflösung der bestehenden Werte. Andererseits sind die Grünen Optimisten, d.h. sie glauben an das Gute im Menschen. Sie glauben daran, dass der Mensch selbst seine Werte neu schaffen kann. Das sind nun aber keine von Gott gesetzten absoluten Werte, sondern von Menschen gesetzte relative Werte. Sie sind immer nur solange gültig, bis irgendeiner Einspruch erhebt, und werden ständig weiter diskutiert. Daraus erklärt sich die - gewollte! - Instabilität bei den Grünen und ihr oft chaotisches Auftreten. In den ideologischen Ansätzen von Relativismus und Optimismus gelangen die Philosophie der >Aufklärung, v.a. Rousseaus, und das Modell der "herrschaftsfreien Kommunikation" des Neomarxisten Jürgen Habermas

zum Durchbruch (>Habermas`sches Diskursmodell). Schließlich sind die Grünen Illusionisten. Sie verfallen der Illusion, dass der vermeintlich gute Mensch irgendwann einmal aus eigener Kraft die "heile Welt", die vollkommene Gesellschaft und das Weltfriedensreich schaffen könnte. Diese Ansicht ist insbesondere bei der >Friedensbewegung zu finden, von der weite Teile mit den Grünen sympathisieren. Viele Grüne verfallen außerdem der Naturschwärmerei, d.h. sie erwarten aus der Verbindung von Mensch und Natur das Heil und beten Naturgottheiten an. Vor allem beim starken feministischen Flügel der Grünen finden wir einen erschreckenden Rückfall in heidnische Natur-, Hexen- und Fruchtbarkeitskulte (>Feminismus). Manon Maren-Grisebach, ehemaliges Bundesvorstandsmitglied der Grünen, schreibt beispielsweise in ihrem programmatischen Buch "Philosophie der Grünen" (1982):
"Die Naturnähe der Frauen ist ein uns von langher vererbter Besitz. Alle frühen Schöpfungsmythen und alten Kulte verehren eine Muttergöttin (es folgt die Aufzählung von Gäa, Demeter, Shing-Moo, Kybele, Astarte, Ischtar, Isis; d. Verf.) ... Von den Eskimos bis Neuseeland, von Brasilien bis Ägypten glänzt die Feier der großen Göttinnen der Natur. Funken sprühen davon auf in den naturheilkundlichen Tätigkeiten der Hexen und Kräuterweiber" (S. 95 u. 97). "Für unseren Aspekt des Philosophischen ist die Naturnähe der matriarchalischen Mythologie ... wichtig ... Den Himmel bewohnt die helle, jugendliche Göttin, verkörpert im jagenden Mädchen; auf der Erde wirkt die lebenerhaltende Frauengöttin, die mit ihrer erotischen Kraft Land und Gewässer, Tiere und Menschen fruchtbar macht, und unter der Erde ist das Reich der ´Alten Frau`, der Todesgöttin, die alles Leben in den Abgrund zieht, aber auch wieder auferstehen lässt" (S. 101f.). Und dann liest man erstaunt: "Die Dreifaltigkeit in der christlichen Religion ist zwar eine Fortführung, die aber immer mehr an Einfluss verlor" (S. 102).

Alles in allem müssen wir von einer Tendenz zu >Neomarxismus und neuheidnischer Naturmystik (>Ökologie) bei den Grünen sprechen. Kann ein Christ trotz der aufgezeigten ideologischen Einflüsse in ein Gespräch mit den Grünen eintreten? Grundsätzlich durchaus. In der Diagnose von Missständen in der Welt und im Willen zur Abhilfe können Christen und Grüne in manchen (nicht in allen) Punkten eine Übereinstimmung finden. Sehr viel schwieriger wird aber eine Übereinstimmung in den Fragen nach Ziel und Weg der Abhilfe. Und vollends unmöglich ist ein Zusammengehen im ideologischen Fundament. Ein Christ kann (und sollte!) vielfach die Beunruhigung der Grünen teilen; ihre Weltanschauung kann er nicht übernehmen. Hier sei - gleichsam als Kurzwegweiser zum Gespräch mit Grünen - stichwortartig zusammengefasst, wozu ein Christ in einem solchen Gespräch Ja sagen kann und wo ihm von Gottes Wort her ein entschiedenes Nein geboten ist. Dabei ist zu beachten, dass die Ja-Teile nicht unmittelbar mit Forderungen und Programmpunkten der Grünen identisch sind, sondern lediglich in diesen enthaltene positive Aspekte bezeichnen. Ich benutze nicht das Vokabular der Grünen, sondern formuliere vom Christlichen her.

1. JA zu einem schonend haushaltenden Umgang mit der Schöpfung in Verantwortung vor Gott, ihrem Schöpfer (1. Mose 2,15; 3. Mose 25,23; Ps 8,5 ff. u. a.). NEIN zu einer Vergötzung von Naturkräften und Naturgottheiten (z. B. im Feminismus) (Jer 2,13; Gal 4; Kol 2 u. a.).

2. JA zum Einsatz für den Frieden im Wissen um die menschliche Sünde und Unfähigkeit und im Vertrauen auf die Kraft Jesu Christi (Jes 53,5; Joh 14,27; Röm 5,1; Gal 5,22; Eph 2,14; Offb 21 u. a.). NEIN zur Utopie eines allein von Menschen zu schaffenden Weltfriedensreiches im illusorischen Vertrauen auf einen guten aktivierbaren Kern im Menschen (1. Mose 8,21; Ps 51,4; Jes 48,22; Jer 6,13 f.; Röm 3 u. a.).

3. JA zum konsequenten Einsatz für das Leben von Mensch, Tier und Umwelt (1. Mose 2,15; 5. Mose 22,1 ff.; Spr 12,10ff.; Jes 11,6ff.; Röm 8,18 ff. u. a.). NEIN zur Tötung des Kindes im Mutterleib (2. Mose 20,13; Ps 22,11; 71,6; 139,13 ff.; Jes 46,3; Jer 1,5; Lk 1,15.41.44).

4. JA zur Gleichwertigkeit und Gleichberechtigung von Mann und Frau (1. Kor 12,27; Gal 3,28; Eph 5,21 ff u. a.). NEIN zur behaupteten Gleichartigkeit. und Gleichmachung von Mann und Frau (1. Mose 1,27 f.; 5,1 f.; 5. Mose 22,5; 1. Kor 7,17 ff.; Eph 5,21 ff. u. a.).

5. JA zur Liebe gegen Sünder, die tätige Hilfe und den Zuspruch der Vergebung einschließt (3. Mose 19,18; Mt 9,12 f.; Joh 8,11; 1. Joh 1 ff. u. a.). NEIN zum Gutheißen der Sünde, z. B. der Unzucht und sexuellen Perversion (3. Mose 18; 5. Mose 22,13 ff.; Mt 19,1 ff.; Joh 8,11; Röm 1 ,26 ff.; 1. Kor 5 f.; Hebr 13,4 u.a.).

6. JA zum Einsatz für mehr Demokratie und Menschenrechte auf konstruktivem und legalem Weg (Gal 3,28; Eph 6,9; Phlm 16 u. a.). NEIN zu illegalen, anarchistischen und staatszerstörenden Maßnahmen; nein zur (gezielten) Herbeiführung des Chaos und der zwangsläufig darauf folgenden Diktatur (Spr 11,11; Mt 22,15 ff.; Röm 13,1 ff.; 1. Petr 2,13 ff. u. a.).

7. Deshalb: JA zu maßvollen und berechtigten Forderungen, die "der Stadt Bestes" (Jer 29,7) suchen. NEIN zur neomarxistischen Taktik der "moralischen Überbietung", die aus einer Haltung der Staatsfeindschaft heraus nur die "Brüchigkeit des bestehenden Systems" aufzeigen will und daher gezielt Forderungen stellt, die unrealistisch oder unerfüllbar sind.

Ziehen wir Bilanz: Unter den Ansichten der Grünen finden sich manche Berührungspunkte mit dem christlichen Glauben. Diese Berührungen sind jedoch nur oberflächlich; das ideologische Fundament der Grünen ist eindeutig nichtchristlich. Die Hauptwurzeln bilden der Rousseausche Glaube an die gute Natur des Menschen, die hinduistisch-buddhistisch-

Schopenhauersche Lehre von der Nichtigkeit des Einzelwesens, der marxistisch-neomarxistische Glaube die vom Menschen zu schaffende diesseitig-paradiesische Gesellschaft sowie allgemein eine schwärmerische Erwartung des Heils aus allem Natürlichen (Naturtriebe, Naturmystik, Naturreligionen usw.). Die dialektische Relativierung alles Bestehenden führt zu einer Verwässerung und Auflösung sämtlicher Werte und Autoritäten.

Die Bibel betont hingegen die Verfallenheit jedes Menschen an die Sünde. Sie betont die Verantwortlichkeit, die Ansprechbarkeit und den Wert jedes einzelnen Menschen vor Gott. Sie betont die Gültigkeit der von Jesus bestätigten und gesetzten Gebote und Schöpfungsordnungen. Sie betont die Erlösungsbedürftigkeit jedes Menschen und zeigt als einzigen Weg zur Erlösung den Glauben an Jesus Christus, den für uns gekreuzigten und auferstandenen Sohn Gottes. Sie erteilt jeder Vergötzung der Natur, der gefallenen Geschöpflichkeit, eine Absage. Sie lehrt die Verantwortung des Menschen für die Schöpfung, aber zugleich auch das Vertrauen auf das Weltregiment Gottes, der durch Leiden und Dunkelheit hindurch seine Gemeinde sammelt und zu einem guten Ende führt. Allein Gott ist gut (Mt 19,17), und allein er kann deshalb das verlorene "Paradies" neu schaffen (Offb 21). Dies gilt es gegenüber allen Versuchen des Menschen, sich selbst und die Natur zu erlösen, klar zu sehen. Menschenwerk, so notwendig es ist, bleibt immer Vorläufiges; Gottes Wort aber schafft Bleibendes. Ohne Umkehr zu Gott und Umwandlung des Herzens bleiben alle Bemühungen um eine bessere Welt letztlich "Leerlauf". Nur von Gott verwandelte Menschen können in der Lage sein, eine verwandelte Welt und Umwelt zu schaffen (Joh 3,5).

S. auch: >Ideologie; >Neomarxismus; >Ökologie; >Feminismus; >Umweltschutz; >Mensch; >Ökumene der Religionen; >New Age; >Homosexualität; >Friedensbewegung.

Lit.: L. Gassmann, Grün war die Hoffnung. Geschichte und Kritik der grünen Bewegung, 1994; ders., Was wollen die Grünen?, 1998.
Lothar Gassmann

Gruppendynamik

1. Definition

G. ist allgemein ein Forschungsgebiet mehrerer Wissenschaften, die sich mit den Vorgängen in Gruppen beschäftigen. Für G. als angewandte Methode ergibt sich (von den Wirkungen her gesehen) folgende Definition: G. ist eine Methode zur bewussten Steuerung und Veränderung des Denkens und Handelns von Menschen auf dem Gefühlsweg mittels einer Gruppe. G. findet also nicht statt, wenn sich eine Gruppe frei und ungezwungen über ein Thema unterhält. Frei ablaufende und nicht bewusst gesteuerte Gruppenprozesse sind als „Gruppendynamis" zu bezeichnen (in Entsprechung zu „Thermodynamis" - freie Entfaltung von Wärmeenergie). Sobald jedoch der Leiter oder einer der Teilnehmer beginnt, bewusst Gefühle bei den anderen freizusetzen mit dem Zweck der Steuerung, wird das Gebiet der G. betreten (in Entsprechung zu "Thermodynamik" - methodische Erfassung und Beeinflussung von Wärmeenergie-Abläufen). An der bewussten Steuerung also entscheidet es sich, ob G. vorliegt oder nicht.

2. Formen

Hier gibt es große Verwirrung. G. tritt fast nie unter ihrem eigentlichen Namen auf, sondern in vielfach veränderten Formen unter den verschiedensten Bezeichnungen. So wird eingeladen zu Selbsterfahrungs-, Encounter-, Sensitivitäts- und Gesprächsgruppen - und es handelt sich um G.. So nimmt man teil an einer Klinischen Seelsorgeausbildung, an einem Interaktions-, Konfrontations-, Kooperations-, Solidaritäts- und Kontakttraining - und man trifft auf G.. So hört man von >Themenzentrierter Interaktion, >Gestalttherapie, >Psychodrama, >Synanon, >Transaktionsanalyse, >Bioenergetik und >Miniaturgesellschaft - und es findet G. statt. Im Kern sind alle Formen gleich aufgebaut und haben das gleiche Ziel, nämlich die Veränderung von Menschen durch Menschen. Gruppen treffen sich in der Regel für ein Intensivwochenende (ca. 18 Stunden) oder eine Woche (ca. 40 Stunden) oder mehrere Wochen. Manchmal finden Gruppensitzungen auch ein- bis zweimal wöchentlich statt, jeweils z.B. 1-2 Stunden lang, für den Zeitraum eines Jahres oder länger. Die Zahl schwankt zwischen 8 und 15 Teilnehmern. Jeder Teilnehmer muss bestimmte Regeln beachten, z.B.: Wir leben im Hier und Jetzt; wir reden darüber, wie wir uns hier und jetzt fühlen, weniger über Vergangenes und Zukünftiges. Keiner soll sich hinter einem „man" oder „wir" verstecken; jeder soll in der „Ich"-Form reden. Jeder soll absolut offen und ehrlich sein. - Meist trifft sich die Gruppe gezielt in Absonderung von der Außenwelt, d.h. der Tagungsort liegt so, dass die Gruppe unter sich sein kann.

3. Stufen

a. Die erste Stufe ist das sog. *unfreezing*, d.h. das „Auftauen" starrer („eingefrorener") Erlebnis- und Verhaltensweisen. Sie kann z.B. dadurch eingeleitet werden, dass der „Trainer" oder „Therapeut", der die Gruppe eingeladen hat, einfach schweigend und passiv dasitzt. Die Teilnehmer sind zunächst verwirrt und ängstlich. Dann äußern einzelne Unmutsgefühle: „Wozu sind wir überhaupt gekommen? Das ist doch Zeitverschwendung! Warum gibt der uns keine Antwort?" Die Angriffe können sich bis zum verbalen „Killen des Trainers" steigern, der jedoch seltsamerweise gar nicht darauf reagiert. Plötzlich aber entwickeln einige Teilnehmer Mitleid mit dem Trainer und richten ihre Aggressionen gegen die Gruppenmitglieder, die ihn am heftigsten angegriffen haben. Viele geben ihre persönlichsten Meinungen preis. Damit ist das Gespräch auf die Gefühlsebene gelenkt. Das Gefühl (Emotion) wird zum „Material", mit dem die Methode arbeiten kann.

b. Die zweite Stufe setzt ein: *change* („Veränderung"). Die Teilnehmer enthüllen nun ihre innersten Gefühle und Probleme. Der Trainer sowie Co-Trainer, „Reflektoren" oder „Veränderungsagenten" (Lewin), die manchmal unter die Teilnehmer gemischt sind, steuern das Gespräch in der gewünschten Richtung. Sie wissen dabei, wie sie die einzelnen Persönlichkeitstypen unter den Teilnehmern zu behandeln haben. Sie wissen auch, wie die Beziehungen (Sympathien, Antipathien) zwischen den Teilnehmern strukturiert sind. Treten z.B. Hemmungen auf, sich seelisch zu entblößen, dann beginnt der Co-Trainer als erster, seine Gefühle zu äußern. Die Mehrzahl der Teilnehmer schließt sich meist an („Gruppenbeichte"). Wer sich nicht anschließt, wird zum Außenseiter abgestempelt. Der Gruppendruck wird für diesen schließlich unerträglich, so dass er darunter zusammenbricht und sich auch entblößt - oder die Gruppe verlässt. Ein solches Zerbrechen ist der Punkt, an dem die meisten offenkundigen psychischen Schädigungen bei Teilnehmern entstehen.

c. Haben alle Teilnehmer „gebeichtet", dann kann die dritte Stufe eingeleitet werden, das *refreezing* („Wiedereinfrieren"). Ein wunderbares Gefühl der Harmonie tritt ein, ein "Wir-" oder „Kollektivgefühl". Nie haben sich die Teilnehmer vollständiger offenbart, nie sind sie vollständiger akzeptiert worden als in dieser Gruppe. Hier wird keine Schwäche und keine Sünde verurteilt, denn die neue Gruppenmoral lautet: „Alles ist erlaubt." Es kann so weit kommen, dass die Teilnehmer einander die Schuld „vergeben" („Gruppenabsolution"). Gelegentlich wird die eintretende psychische Veränderung als „Wiedergeburt" empfunden. Alle Werte, Regeln und Gebote (auch z.B. biblische Gebote!), alle weltanschaulichen, ethischen und religiösen Standpunkte sind nun nebensächlich; das Entscheidende ist das Vertrauen und die Wärme, die der erfährt, der sich der Meinung der Gruppe anschließt.

4. Methoden
Es gibt gruppendynamische Methoden und Verfahrensschritte mit Worten (verbal) und ohne Worte (nonverbal). Einige Beispiele für nonverbale Methoden:
a. *Blindekuhspiel:* Um Berührungsängste abzubauen, müssen die Teilnehmer mit geschlossenen Augen im Raum umhergehen. Finden sich zwei Personen, tasten sie sich gegenseitig ab.
b. *Hahnenkampf:* Teilnehmer, die Aggressionen gegeneinander haben, müssen auf einem Bein hüpfen, aufeinanderprallen und schauen, wer der Stärkere ist.
c. *Schlagen:* Bis zur Erschöpfung auf Gegenstände einschlagen, um Aggressionen abzureagieren.
d. *Entspannungsübungen* mit z.T. buddhistischem, hinduistischem und okkultem Hintergrund (Zen-Meditation, Selbsthypnose usw.).
e. *Streicheln* u.ä.: Außenseiter erfahren „neue Geburt", indem sie von anderen Gruppenteilnehmern gestreichelt, zart berührt, gewiegt und beim Sichfallenlassen aufgefangen werden.
Im Rahmen der gruppendynamischen Methode sind das nicht mehr harmlose "Spiele", sondern Mittel zum methodisch gesetzten Zweck der Veränderung von Menschen.

5. Gefahren
a. G. ist *nicht weltanschaulich neutral,* sondern wie jede Methode in Vorverständnisse eingebettet. Die Begründer der G. (Jacob >Moreno, Kurt >Lewin, Carl >Rogers u.a.) waren Ideologen. Sie entwickelten ihre Methoden, um dem sündigen Streben des Menschen entgegenzukommen, selbst zu sein wie Gott und eine Welteinheitsgesellschaft zu erbauen.
b. G. ist daher selber eine *>Ideologie.* Wie jede Ideologie will sie den Menschen ganz vereinnahmen. Sie befreit ihn nicht zu

größerer Mündigkeit, sondern raubt ihm seine Freiheit und manipuliert ihn. In die gesteuerte, unfreie Gruppe eingebunden, ist auch der einzelne in der Gruppe nicht mehr frei, sondern wird den Veränderungszielen des Gruppenleiters angepasst. Das Fatale und Unheimliche ist nun aber, dass auch der Gruppenleiter im Verlauf einer Sitzung ein Opfer der Methode werden kann. G. arbeitet ja mit Gefühlen. Sie will durch Manipulation auf der Gefühlsebene Meinungen und Verhaltensweisen verändern. Wird nun der Leiter von dem Gefühlsstrudel, den er selbst freigesetzt hat, erfasst, dann verliert er mehr und mehr die Kontrolle über sich und über die Methode. Die Methode verselbständigt sich, und die Folgen sind unabsehbar. Aus christlicher Sicht muss man feststellen, dass es sich hier nicht nur um Gefühle, sondern um Geistes-, ja Geistermächte handelt, die sich verselbständigen können (vgl. Eph 6,10ff.).

c. G. kann zu einer noch viel größeren Gefahr werden, wenn einer mit diesen Mächten umzugehen weiß. Wo ein Mensch so kaltblütig ist, eine gruppendynamische Sitzung zu steuern, ohne selbst von ihrem Sog erfasst zu werden, gewinnt dieser - im Bund mit diesen Gewalten - eine ungeheure Macht. Er kann Menschen steuern wie Marionetten. Genau das waren ja auch die Pläne von Moreno, Lewin und anderen: einen einheitlichen soziometrischen Aufbau der Gesellschaft durch G. zu schaffen - und das ist nur möglich durch Schaffung einer Einheitsmeinung. Wer dürfte sich jedoch als Mensch eine solche Macht anmaßen? Wird hier G. zum Werkzeug von *Diktatoren*?

d. Wo gesteuert wird, ist Methode. Methode aber *zerstört die Freiheit im mitmenschlichen Umgang*. Im methodischen Korsett bleibt kein Raum für Spontaneität, Intuition und Liebe - alles Qualitäten, die nur der freie Mensch besitzt. Im methodischen Korsett herrscht auch nicht die Freiheit des Geistes Gottes, der "weht, wo er will" (Joh 3,8). Deshalb kommt man in christlich verbrämter G. über „fromme Gefühlserlebnisse" nicht hinaus. Der Geist Gottes lässt sich nicht in eine Methode zwingen, ja er ist mit der Methode der G. gänzlich unvereinbar.

e. *G. verletzt die Würde des Menschen*, die ihm Gott gegeben hat. Im menschlichen Intimbereich darf aber nicht einfach herumgestochert werden. Es darf Gartenbaumethoden geben, aber keine „Menschenbaumethoden". G. bringt nachweisbare *Schädigungen* mit sich. Um wirklich etwas zu „erleben", muss sich der einzelne ganz in die Gruppe hineingeben. Er muss seine eigene Persönlichkeit aufgeben und sich verändern lassen. Er muss „verbluten nach außen" (Moreno). Dabei aber können Schäden entstehen wie: Angstzustände, psychotische Erlebnisse, Vertrauensunfähigkeit, Unfähigkeit zur Lösung von Problemen, Identitätskrise und Identitätszerbruch bis hin zur Selbstmordgefahr. Untersuchungen von Lieberman u.a. haben ergeben, dass bei einem Drittel der Teilnehmer solche Schädigungen nachweisbar auftreten. Nicht größere Mündigkeit, sondern Lebensuntüchtigkeit, nicht Selbsterfahrung, sondern Selbstzerbruch wird also in der G. erreicht.

f. G. kann zur *Gruppensucht* führen. Der einzelne kann sich so in die Gruppe hineingeben und mit ihr verwachsen, dass er außerhalb der Gruppe nicht mehr lebenstüchtig ist. Er will und muss immer wieder zur Gruppe zurück wie ein Kind zur Mutter. Kann er das nicht, so wird er ein dauernd frustrierter Mensch sein. Auf die Faszination folgt die Frustration, auf die Begeisterung folgt die Enttäuschung, weil die wirkliche Welt ganz anders ist als die künstliche Gruppenwelt.

g. G. ist *zur Lösung von Problemen nicht geeignet* ist. Die Beschränkung oder Konzentration auf die Gefühlsebene ist eine zu einfache bzw. gar keine Antwort auf die komplizierten Probleme unserer Welt. Die Ausklammerung von Umwelt und Vergangenheit durch das „Hier-und-Jetzt-Prinzip" fördert Geschichtslosigkeit. Der Gesamtzusammenhang menschlichen Lebens wird zerstört. So wird wahre Identitätsfindung unmöglich. Der Psychologe H. M. Ruitenbeek meint: „Wissen und

Intellekt außer acht gelassen, und wir enden in einer Gesellschaft von Schwachsinnigen."

h. G. ist auch deshalb nicht mit dem christlichen Glauben vereinbar, weil sie *biblische Gebote außer Kraft setzen* will. Die neue Gruppenmoral lautet ja: „Alles ist erlaubt" - und zwar innerhalb der Normen, die die Gruppe selber setzt. Nicht Gott, sondern die Gruppe wird hier zu ihrem eigenen Gesetzgeber. Das aber ist Auflehnung gegen Gottes Willen - und damit auch gegen Gottes Liebe, die in manchen Gruppensitzungen so viel beschworen wird. Denn wie sollte Gott dem seine Liebe erweisen, der sie gar nicht zu brauchen meint, sondern sich selbst seine Gebote setzt - der damit meint, auch seine eigene Vergebung bewerkstelligen zu können?! Weder Gottes Gebote noch Gottes Liebe werden hier ernst genommen, sondern zu gruppendynamischen Gefühlserlebnissen verniedlicht.

i. G. bewirkt eine *seelische Manipulation* und tritt damit in Gegensatz zu geistlicher Gemeinschaft. Lebendige christliche Gemeinschaft aber lässt sich nicht „machen", wie manche meinen, schon gar nicht durch psychologische Tricks und gruppendynamischen Druck. So entsteht höchstens seelische, gefühlsmäßige Gemeinschaft, aber keine geistliche Gemeinschaft. Lebendige christliche (und das heißt immer: geistliche) Gemeinschaft kann nur in festem Gegründetsein auf das biblische Wort von Gottes Geist geschenkt werden, der keinen verletzt und manipuliert (vgl. D. Bonhoeffer, Gemeinsames Leben).

S. auch: >Bioenergetik; >Encounter; >Gemeinschaft, geistliche und seelische; >Gestalttherapie; >Lewin, Kurt; >Marathon; >Miniaturgesellschaft; >Psychodrama; >Rogers, Carl; >Sensitivity-Training; >Themenzentrierte Interaktion;

Lit.: L. Gassmann, Fühlen statt zu denken, 1991; ders., Was ist Gruppendynamik?, 1998.

Lothar Gassmann

Habermas`sches Diskursmodell wurde entwickelt von Jürgen Habermas (H.) und ist grundlegend für die Ideologie des >Neomarxismus. H. (geb. 1929), Philosoph und Soziologe, neben Theodor W. >Adorno, Herbert >Marcuse und Max Horkheimer Hauptvertreter der Kritischen Theorie (Frankfurter Schule; >Neomarxismus). H. sieht folgenden Weg zur neuen Gesellschaft: Nach Durchlaufen der Phasen "vormythische Welt", "Hochkulturen" und "Hochreligionen" befindet sich die Menschheit jetzt in ihrer vierten Phase, der "Evolution": Ihr Ziel ist der neue Mensch als Gattungswesen. Statt Integration, Identifikation und Konformität des Individuums mit der gegenwärtigen Gesellschaft herrschen Repression, Diskrepanz und Rollendistanz vor. Diese Spannungen muss das Individuum aushalten in einem Akt balancierender Ich-Identität, einem ständigen Balanceakt zwischen Erfüllung und Verweigerung gegenüber den gesellschaftlichen Erwartungen bei gleichzeitiger Stärkung des eigenen Ichs. Im "herrschaftsfreien Diskurs" werden alle überkommenen Werte und Autoritäten der Kritik preisgegeben. Gleichzeitig wird nach dem Maßstab der optimalen Bedürfnisbefriedigung eine neue Universalmoral angestrebt. Im Konsens wird schließlich die kollektive Identität erreicht. Voraussetzungen hierfür sind: die Bereitschaft zum Rollentausch (nach dem amerikanischen >Behaviorismus), die Bereitschaft zur Kommunikation und Identifikation mit Gruppe und erstrebter Gesellschaft, die Einfügung in gruppendynamische Prozesse (>Gruppendynamik).

Was ist ein "herrschaftsfreier Diskurs"? Nach H. verläuft ein Diskurs (Gespräch, Diskussion) dann herrschaftsfrei und kann zu einem Wahrheitskonsens gelangen, wenn folgende Regeln einer "idealen Sprechsituation" eingehalten werden:
1. Kein äußerer Zwang darf das Gespräch behindern. 2. Geltung hat das beste Argument. 3. Jeder hat die gleiche Chance zur Beteiligung am Gespräch. 4. Jeder muss zur "ungekränkten

Selbstdarstellung" fähig sein und sich den anderen transparent machen. 5. Jeder muss die Grundentscheidungen seines Lebens thematisieren und kritisieren lassen. (Hierzu dient ein ausgeklügeltes System von Rede und Gegenrede, Begründungspflicht für alle Aussagen und Behauptungen usw.). 6. Keiner hat Vorrechte aufgrund von Alter, Erfahrung, Autorität usw. 7. Jeder muss bereit sein, mit jedem die Verhaltenserwartungen zu tauschen. Jeder soll jederzeit mit jedem zum Rollentausch bereit sein. 8. Diskutiert wird so lange, bis ein Konsens erreicht ist. Ist die neue Wahrheit angenommen, bestimmt sie von da an das Leben und Verhalten der Teilnehmer.

Kritik: Die ideologischen Hintergründe dieses Modells (Freud-Marxismus, Evolutionismus, Immanentismus, Kollektivismus, Universalismus und Utopismus) sind fragwürdig und die sprachliche Verpackung in Fremdwörter und scheinwissenschaftlichen Jargon ist geradezu maßlos. Darüber hinaus drängen sich sechs Einwände auf:

a) Es gibt keine Methode, um voraussetzungslos, d. h. ohne vorgegebene Kriterien (außerhalb gegebener Offenbarung) Wahrheit und Normen zu finden. Auch der herrschaftsfreie Diskurs beruht auf vorgeschalteten Diskursregeln.

b) Alle im herrschaftsfreien Diskurs ermittelten Normen sind letztlich relativ, weil immer neu hinterfragbar. Abgesehen von (von wem?) anerkannten Grundnormen des Diskurses, gilt nichts mehr als letzte Wahrheit und Gewissheit.

c) Damit sind alle die in ihrer Freiheit bedroht, die eine andere Bindung ihres Gewissens für höher achten als die Diskursgrundnormen. Die Kategorie des einzelnen als Geschöpf und Ebenbild Gottes geht im Kollektiv verloren.

d) Für Christen steht der Wahrheitsanspruch der Diskursnormen in diametralem Gegensatz zum alleinigen, letztgültigen Wahrheitsanspruch Jesu Christi (Joh 14,6; Apg 4,12; 5,29). Jesus als die lebendige Wahrheit und Zuverlässigkeit kann von

Menschen nicht hinterfragt werden, ebenso wenig die Gebote Jesu.

e) Freiheit ist nicht in der optimalen Befriedigung der Bedürfnisse aller möglich, sondern nur in der Bindung an die objektive sittliche Idee (vgl. I. Kant).

f) Versöhnung des Menschen mit seiner eigenen verderbten Natur, wie dies durch Stärkung der Ich-Identität geschehen soll, ist theologisch gesehen Sünde, d.h. Vertiefung des Getrenntseins von Gott. Freiheit und Erlösung gibt es nur durch Versöhnung des Menschen mit Gott in Christus (Röm 7).

Zur weiteren Beurteilung: >Neomarxismus; >Offenbarung; >Gruppendynamik.

Lit.: J. Habermas, Erkenntnis und Interesse, 1969; Kultur und Kritik, 1973; Theorie der Gesellschaft oder Sozialtechnologie, 1971. – Kritisch: G. Rohrmoser, Das Elend der kritischen Theorie, 1970; Emanzipation und Freiheit, 1970.

Lothar Gassmann

Hedonismus: Der Begriff H. umfasst verschiedene ethische Lehren, die im Empfinden von Lust (griech. hedoné) den letzten Grund des sittlichen Handelns sehen. Verfolgt man die Entwicklung des H. in der Religions- und Philosophiegeschichte, so fällt auf, dass er fast immer mit einem krassen >Materialismus gepaart ist. Das Fehlen einer transzendenten Wirklichkeit führt zum übersteigerten Betrachten und Genießen des Immanenten. Wo die Bindung an ein Jenseits fehlt, geht der Mensch im Diesseits auf.

Schon das uralte nicht-orthodoxe indische System der Charvakas beruht auf der Voraussetzung, dass die Materie das allein Existierende ist. Weil alle Metaphysik abgelehnt wird, bleibt als höchstes und einziges Ziel die Sinnenlust.

Die wichtigsten Vertreter des H. in der griechischen Antike sind Aristipp, Hegesios von Kyrene und Epikur; ihre Nachfolger bei den Römern sind Lucrez und Horaz. Epikur (341-270) klammert - von Demokrits Atomlehre herkommend - jeden Einfluss von überirdischen Mächten auf Welt und Mensch aus. Er will den Menschen von Götterfurcht befreien und ihn so zu vollem Genuss des irdischen Lebens befähigen - allerdings nicht in zügelloser Triebbefriedigung, die Schmerz zur Folge haben kann, sondern in vernunftgesteuerter Gewinnung von Lust und Vermeidung von Unlust.

Unter der Übermacht des transzendenzbezogenen Christentums und der Stoa führte der H. lange Zeit ein kümmerliches Dasein, bis er in Form des Materialismus der Aufklärer, der Darwinisten (>Evolution) und der Marxisten (>Kommunismus) einen neuen Nährboden fand. (Der Utilitarismus von Bentham und Mill im 19. Jahrhundert allerdings ist noch kein ausgesprochener H.. Er betrachtet zwar Lustgewinn als Ziel menschlichen Strebens, aber eben Lustgewinn im Sinn von größtmöglichem Glück für die größtmögliche Zahl von Menschen, was dem egozentrischen Charakter des H. widerspricht.)

Der Marxismus sieht geistige Erscheinungen und Werte nur als Überbau ökonomischer Vorgänge an und gesteht ihnen keine Eigenbedeutung zu. Religion ist Opium für das Volk. Demnach bleibt nur das Leben hier und jetzt, und es gilt, ein diesseitiges Paradies zu schaffen, in dem jeder - eingebettet in das gesellschaftliche Kollektiv der Klasse (die sich nur unter Vernichtung der anderen Klassen konstituieren kann) - ein Höchstmaß von Glück erfahren kann. Hier wird der "kapitalistische" individuelle Egoismus auf einen Klassen- oder Gruppenegoismus ausgedehnt, was deutlich macht, dass es sich auch hier um H. handelt. In neuerer Zeit gehen neomarxistische Denker wie H. Marcuse und W. Reich noch weiter und fordern als Voraussetzung für "Glück" und "befriedetes Dasein" (Marcuse) die totale

Befreiung der Triebe, insbesondere des Sexualtriebs (>Neomarxismus).

Kritik: Alle Hedonisten sind zu fragen: Was ist Lust? Was ist Glück? Gibt es nicht noch etwas Größeres, von dem her Glück erst definiert werden kann, nämlich Heil? Heil im biblischen Sinn (hehr. schalom, griech. eirene) meint Ganz-Sein, im Einklang stehen, Frieden haben mit Gott und den Menschen. Heil beinhaltet somit die Dimension über mir (Gott) und neben mir (die Mitmenschen). Heil ist nicht egozentrisch, sondern theo- und altrozentrisch bestimmt. In diesem Rahmen finde ich auch Glück, aber eben im Bezogensein auf Gott um Gottes willen und den Nächsten um des Nächsten willen, nicht im Kreisen um mich selber. Glück finde ich, wenn ich von mir wegsehe und hinsehe auf Gott und den Nächsten. Dann kann ich mich freuen mit den Fröhlichen und weinen mit den Weinenden (Röm 12,15) - und beides ist Glück. Dann kann ich Gott danken, dass er mich erlöst hat, dann kann ich ihm danken, wenn er mir Lasten auferlegt - und beides ist Glück. Denn Jesus hat mein Kreuz zuerst getragen und meine Last ein für allemal abgetragen: "Will mir jemand nachfolgen, der verleugne (!) sich selbst und nehme sein Kreuz auf sich und folge mir. Denn wer sein Leben erhalten will, der wird's verlieren; wer aber sein Leben verliert um meinetwillen, der wird's finden" (Mt 16,24 f.).

Und weiter die Frage, die an alle Hedonisten gerichtet sein könnte: "Was würde es dem Menschen helfen, wenn er die ganze Welt (mit all ihrer Lust, ihrem Glück; d. Verf.) gewönne und doch Schaden nähme an seiner Seele? (Mt 16,26). Gibt es eine deutlichere Absage insbesondere an den hedonistischen Materialisten? Gibt es Glück - wahres, dauerhaftes Glück - ohne Blick auf Gott?

Schließlich ist festzustellen: Der H. geht von einem naiven Utopismus aus. Gewiss ist es zu begrüßen, wenn es dem Menschen möglichst gut geht. Gewiss soll jeder so glücklich sein,

wie er kann. Aber in Wirklichkeit lässt sich das kaum erreichen. Im Gegenteil: Der Mensch, der ständig auf der Glückssuche ist, wird um so unglücklicher, wenn er das erstrebte Ziel nicht erreicht. Der Hedonist übersieht gern, dass Glück und Leid sich wie zwei Pole verhalten, von denen keiner fehlen kann. Leid ist eine menschliche Grunderfahrung, die niemals ausbleiben wird. Das Paradies auf Erden wird nie entstehen. Die realistischste Sicht unter den Hedonisten hatte noch Epikur. Er begegnete in Gelassenheit dem Leid und der Unlust und suchte durch seine innere Geisteshaltung, auch daraus Lust zu gewinnen. Leid beginnt schon da, wo der Mensch mit seinem Glücksstreben an die Grenze des Mitmenschen stößt. Je mehr einer nach seinem eigenen Glück strebt, desto mehr Widerstand wird er beim anderen erfahren. Weitere Grenzen liegen in den eigenen schwachen Kräften und Mitteln sowie in den von Gott jedem Menschen gesetzten Schranken. Wer den Menschen alles verspricht, führt sie in tiefstes Unglück hinein, wenn die Erwartungen die Möglichkeiten übersteigen.
Lothar Gassmann

Humanismus

1. Begriff: Es erscheint zweckmäßig, bei H. (von lat. homo = Mensch; lat. humanus = menschlich) zu unterscheiden in H. als Geschichtsepoche(n) und H. als Geisteshaltung, wobei diese dann auch wieder korrelieren, insofern der Mensch, dessen Vollkommenheit angestrebt wird, im Mittelpunkt steht. Gebräuchlich ist zwar, seit G. Voigt (1859), H. historisierend zu verwenden für die Gelehrtenbewegung, die an der Antike orientiert ist, in der Renaissance entstand und sich als kulturelle, philosophische und theologische Bewegung im 15. Jahrhundert von Italien ausgehend auch über Nord-Europa ausdehnte. Davon zu unterscheiden sind dann Neuhumanismus um die Wende vom 18. zum 19. Jahrhundert und der Dritte Humanismus zu Beginn des 20. Jahrhunderts.

Als Fachbegriff ist H. ein recht junger Ausdruck und geht auf den Pädagogen J. Niethammer (1808) zurück, der an Cicero anknüpfte, welcher "studia humanitas" kannte und darunter die "freien Künste" verstand, die der Ausbildung vor allem des Redners und Dichters dienten. Es gab und gibt freilich Versuche, den Begriff H. aus dem historischen Verständnis zu befreien und sein "Wesen" zu bestimmen. Damit wird der Begriff H. zu einer außerordentlich vielfältig verwendeten und verwendbaren Bezeichnung für philosophische, ideologische und politische Richtungen, Theorien und Überzeugungen, die oft in keine Übereinstimmung miteinander gebracht werden können. Im weitesten Sinne bedeutet H. jegliche Hochschätzung menschlicher Würde und Werte, womit der Mensch im Mittelpunkt der Überlegungen steht. Gegen die Bestimmung des H. seinem "Wesen" nach ist eingewendet worden, damit verliere der Begriff seine Präzision (Rainer Mayer, ELThG, Bd. 2, S. 936). Doch ist dem entgegenzuhalten, dass mit H. etwas faktisch Unpräzises bezeichnet wird, so dass aufgrund dessen auch der Begriff zwangsläufig an Unschärfe leiden muss. H. ist als eine geschichtsübergreifende Geisteshaltung aufzufassen, die verschiedene Geschichtsepochen umfasst. Dennoch lässt sie sich am besten chronologisch darstellen.

2. Biblischer Befund

2.1. Allgemein: Als eigenständiges Phänomen kennt die Bibel H. nicht. Sie erachtet es eher als selbstverständlich, dass der Christ in der Nachfolge H. verwirklicht. Humanitäres Verhalten ist Folge des Gehorsams, nicht Kern des Christ-Seins.

b. Altes Testament: Diesem zufolge ist der Mensch nach dem Bilde Gottes erschaffen (1. Mose 1,27), dadurch zur Liebesgemeinschaft mit Gott und dem Mitmenschen bestimmt. Er ist Statthalter über das Geschaffene (1. Mose 2,15). Doch in der

Auflehnung gegen Gott und dessen Ordnungen hat der Mensch seine Gottebenbildlichkeit verwirkt, auch wenn er weiterhin Gottes Geschöpf bleibt.

c. Neues Testament: Nach dem Zeugnis des Neuen Testaments ist Jesus Christus der wahre, Gott ebenbildliche Mensch (Kol 1,15), durch den der natürliche Mensch verwandelt und erneuert werden kann zum Bilde Gottes "in wahrer Gerechtigkeit und Heiligkeit" (Eph 4,24). Dem neuen Menschen steht nicht einfach das Inhumane entgegen, sondern die Tatsache, dass der natürliche Mensch an böse Mächte und den Tod dahingegeben ist. In der Begrifflichkeit von human und inhuman lassen sich die biblischen Fakten des erneuerten neuen Menschen und des dahingegebenen natürlichen Menschen nicht fassen. Die biblischen Vorstellungen charakterisieren das Wesen des Menschen ungleich besser.

3. Geschichtlich

Geschichtlich betrachtet sind verschiedene Ausprägungen des H. zu unterscheiden:

a. Griechisch-römischer H.: Über das Menschsein des Menschen (als humanitas) wurde erstmals während der römischen Republik nachgedacht. Das Menschsein bestand demnach in römischen Tugenden wie Tapferkeit und Manneswürde (virtus), welche auch im verantwortlichen gesellschaftlichen Handeln durch Rücksicht, Weisheit, Güte zum Ausdruck kommen (Cicero). Um wahres Menschsein zu erreichen, war griechische Bildung nötig. Den Gegensatz zum humanen Römer bildete der Barbar. Ohne Bildung ließ sich der römische H. nicht verwirklichen und beschränkte sich deshalb auf eine kleine Zahl. Dadurch war der römische H. stark individualistisch geprägt, nicht auf die Gemeinschaft ausgerichtet, sondern auf die sittliche Entfaltung des Individuums.

b. Italienische Renaissance (14./15. Jahrhundert): Im Italien des 14./15. Jahrhunderts ging das wieder belebte antike Menschenbild eine Verbindung mit im Anschluss an Cicero und Augustinus gewonnenen Idealen ein. In der italienischen Renaissance war der H. eine literarische und wissenschaftliche Bewegung, die in ihrer Anknüpfung an die Antike sich als Gegensatz zur Scholastik verstand und deshalb für freie Entfaltung des Menschen und für eine Loslösung von der kirchlichen Autorität eintrat. Als "Vater des H.", der sich an aufstrebenden italienischen Universitäten, Städten und auch Fürstenhöfen etablierte, gilt der Dichter Francesco Petrarca (1304-1374). Machiavelli (1479-1527, Hauptwerk "Il principe" - Der Fürst, 1513) verfolgte andere Ideale; ihm galt der gewissenslose Renaissancemensch als Ideal, welches er beispielsweise in Cesare Borgia (1475-1507) verwirklicht sah.

c. Deutscher H.: Der deutsche H. ist wie der gesamte H. nördlich der Alpen ohne den italienischen nicht denkbar, auch wenn er nationale Züge annahm, dann aber auch kritisch zur Kirche stand. Als maßgeblicher Vertreter des H. nördlich der Alpen hat Erasmus von Rotterdam (1466 oder 1469-1530) zu gelten. Erasmus, der bislang Disparates zusammenfasste, strebte eine Verschmelzung von Antike und Christentum in einer philosphia christiana an. Seinen christlichen H., den er als Abgrenzung gegen die Scholastik verstand, wollte er durch Rückgriff auf griechische Schriftsteller, Kirchenväter und das Neue Testament begründen. Christus war für Erasmus Erneuerer der menschlichen Natur, Vorbild und Lehrer. Letztlich vertrat Erasmus eine Urbildchristologie und nahm damit manches vorweg, was der "Kirchenvater" des modernen Protestantismus Friedrich Daniel Ernst Schleiermacher (1768-1834) vertrat, wie der Renaissance-H. als Vorläufer der Aufklärung zu betrachten ist. Seine wichtigsten Kennzeichen waren die Hochschätzung der Einzelperson, der Glaube an ihre Entfaltung durch Moral und Rationalität und die Vorstellung, aktiv Geschichte zu verantworten und zu gestalten.

d. Luther / Reformation: Zwar hat der H. der Reformation mit den Weg zu ebnen geholfen (Quellenstudium, philologische Methoden, Institutionenkritik), dennoch war er im Wesen zumindest von Luther weit geschieden im Gottes- und Menschenverständnis. Dies wird in besonderer Weise an der Auseinandersetzung zwischen Erasmus ("De libero arbitrio", 1524) und Luther ("De servo arbitrio", 1525) deutlich. Luther hatte erkannt, dass sich der an den Möglichkeiten des Menschen orientierende christliche H. und die Sicht der Bibel, die die völlige Verlorenheit des Menschen lehrt, nicht in Übereinstimmung bringen lassen. Die Ablehnung des H. geschah bei den maßgeblichen anderen Reformatoren nicht in dieser Schärfe. Melanchthon übernahm für das reformatorische Bildungsprogramm eine humanistische Grundlage. Auch Zwingli, Calvin, Bucer, Brenz u. a. wussten sich dem H. verpflichtet, ebenso die Anglikanische Kirche und auch die Gegenreformation (Jesuiten) knüpften an den H. an, so dass der H. der Nachwelt erhalten blieb und nicht wirklich überwunden wurde. So erfuhren die Erziehungsvorstellungen Melanchthons am Beginn des 19. Jahrhunderts eine Wiederaufnahme durch das Bildungsideal und das (positive) Menschenbild der deutschen Klassik.

e. Neuhumanismus (ab Mitte 18. Jahrhundert: Aufklärung, Idealismus): Im Zeitalter von >Aufklärung und >Idealismus erfolgte keine Rezeption von Luthers Theozentrik, sondern man knüpfte an Erasmus an. Das Verständnis des Menschen wurde nicht länger aus dem Wort Gottes genommen, sondern sollte aus dem Menschen selbst und der Natur gewonnen werden (Fichte, Goethe, Schiller). Mit der Renaissance teilte der Neuhumanismus die Begeisterung für die griechisch-römische Antike, deren Sprachen (Griechisch, Latein) und Kultur. Im Unterschied zum Renaissance-H. (z. B. Erasmus) strebte der Neuhumanismus jedoch keine Synthese mehr von Antike und Christentum an.

f. 19. Jahrhundert: Das 19. Jahrhundert ist gekennzeichnet vom Aufkommen geschichtlichen Denkens (Wilhelm Dilthey 1833-1911), des Marxismus (>Kommunismus) und der >Existenzphilosophie Sören Kierkegaards (1813-1855). Zumindest im geschichtlichen Denken und im Marxismus wird ein H. vertreten, der sich nicht auf griechisch-christliche Antike zurückführen lässt. Sie lehnen ein metaphysisches, ewig gültiges Menschenbild ab. Der Marxismus versteht den Menschen aus seiner Arbeit und den wirtschaftlichen Produktionsvorgängen. Im herkömmlichen H., so meint der Marxismus, seien die inhumanen Verhältnisse verschleiert. In einer sozialistischen Gesellschaft soll der Mensch mit sich selber, seinen Mitmenschen und mit der Natur, die er durch Arbeit vermenschlicht, versöhnt werden.

g. "Dritter H.": Der sog. "Dritte H." in den 20er und 30er Jahren des 20. Jahrhunderts kritisierte Positivismus und Materialismus. Unter Rückgriff auf antike Kultur und Bildung strebte er eine Reform der Persönlichkeit an. Doch dieser "Dritte H.", der den Idealismus wieder beleben wollte, war von Anfang an Kritik ausgesetzt (philosophisch, pädagogisch, soziologisch, theologisch), die sich am vorgebrachten ideologischen oder unchristlichen Charakter des H. entzündete.

h. Entwürfe der Gegenwart: Als Reaktion auf und in Abkehr von Hegel (z. B. Marx) wurde der idealistische H. kritisiert und ein "konkreter" oder "realer H." gefordert. Neomarxisten des 20. Jahrhunderts (z. B. Herbert Marcuse) nahmen den vom frühen Marx geforderten H. wieder auf. Martin Heidegger (1889-1976) betrachtete die inhaltliche Bestimmung des H. als nicht zureichend. Jean Paul Sartre (1905-1980) verwandte den Begriff H. für seine existentialistische Philosophie, die - entgegen ihrem Namen - nur recht bedingt etwas mit Kierkegaards Existenzphilosophie zu tun hat. Die "Humanistische Union" (seit 1961) verwendet die Ausdrücke H. / human als antikirchliches und antichristliches Schlagwort. In der >Dialektischen Theolo-

gie wurde der Begriff H. insofern positiv aufgenommen, als
Gott H. zugeschrieben wurde. Karl Barth (1886-1968) verstand
unter H. Gottes dessen Schöpfungs- und Gnadenmacht und
damit Gottes Liebe, durch die der Mensch sein wahres
Menschsein erhalte. Für die meisten philosophisch-anthropo-
logischen Systeme der Gegenwart ist festzuhalten, dass sie sich
als humanistisch verstehen, beginnend bei Max Scheler (1874-
1928) über Arnold Gehlen (1904-1976) bis hin zu Adolf Port-
mann (1897-1982) und Helmut Plessner (1892-1985). Hinzuweisen ist auch darauf, dass sich der amerikanische >Pragma-
tismus als H. Bezeichnet.
Im englischen Sprachgebrauch wird H. sowohl als historische
Epoche bzw. Strömung (im Sinne des Renaissance-H.) verstanden, aber genauso wird jede Philosophie, der es um
menschliche Würde und Natur geht, als H. bezeichnet. Zwar
kommen in der gegenwärtigen Diskussion um H. eine Reihe
von Elementen in Betrachtung, die sich jedoch auf die Frage
nach einem Humanitätsideal und auch der Sonderstellung des
Menschen eingrenzen lassen. Der Begriff H. wird im heute
gängigen Sprachgebrauch als Selbstbezeichnung und Kampf-
parole für kultur- und gesellschaftspolitische, philosophische
und ideologische Programme beansprucht. H. wird häufig mit
"Humanität", "humanistisch" und "human" gleichgesetzt. Darin
zeigt sich das Anliegen, H. mehr von seinem "Wesen" als von
seiner historischen Ausformung bzw. seinen historischen Ausformungen zu verstehen, was ja durchaus sein Recht hat. Dabei
wird andererseits die Gefahr gesehen, "den Gebrauch des Wortes seinem spezifischen Sinn zu entfernen" (Heinz Liebing,
EStL, 2. Aufl. 1975, Sp. 996).

4. Christlicher Glaube und H.
Nicht zu bestreiten ist, dass in allen Konfessionen die philoso-
phischen und pädagogischen Motive des H. erhalten blieben
(Luthertum: Melanchthon; Calvinismus: Calvin, Beza; Katho-

lizismus: Jesuiten). Eine Synthese von Christentum und H. wie im traditionellen Renaissance-H. - seine Vertreter (z. B. Erasmus) blieben in aller Regel römisch-katholisch - findet vor allem Vertreter in der römisch-katholischen Kirche. Es wird eine Ähnlichkeit und Verwandtschaft von christlichem Glauben und H. angenommen, indem beide das Wohl des Menschen im Auge hätten (wobei es dem christlichen Glauben um mehr als um das Wohl geht, nämlich um das davon zu unterscheidende Heil) und zudem darauf verwiesen, der natürliche H. sei auf die übernatürliche Wahrheit der Offenbarung angewiesen.

Jedoch wird von ganz unterschiedlicher Seite die Sicht einer Affinität von christlichem Glauben und H. bestritten. Der Streitpunkt liegt darin, ob Gott oder der Mensch im Mittelpunkt der Betrachtung steht. In der Ablehnung einer Affinität von christlichem Glauben und H. sind sich so unterschiedliche Anschauungen wie >Dialektische Theologie (Karl Barth) und Humanistische Union einig; während allerdings bei der Dialektischen Theologie Gott im Mittelpunkt steht, steht bei der Humanistischen Union der Mensch im Mittelpunkt.

Zwar wird zu vertreten sein, "die Gottesoffenbarung geht ins Humanum ein, nicht im Humanum auf" (Rainer Mayer, EL-ThG, Bd. 2, S. 937), was aber noch lange nicht bedeutet, christlicher Glaube und H. seien in ihrem (tieferen) Wesen von einer Affinität gekennzeichnet. Die Auseinandersetzung zwischen Erasmus und Luther (1524 / 25) und der daraus hervorgehende Bruch zwischen humanistischer und reformatorischer Bewegung (wiewohl schon bald wieder humanistische Ideen übernommen wurden) zeigen, dass eine solche Affinität nicht besteht, wiewohl Luther freilich manche Erkenntnisse des Renaissance-H. positiv aufnehmen konnte (Rückgriff auf die Quellen, vor allem AT und NT; philologische Methoden). Von daher hatte die Dialektische Theologie, die nicht einfach eine direkte Fortsetzung der reformatorischen Lehre war, recht, wenn sie eine Disparatheit von Offenbarung und christlichem

Glauben einerseits und H. andererseits feststellte. Eine Synthese von christlichem Glauben und H., wie dies vor allem im Renaissance-H. versucht wurde, lässt sich nicht herstellen, da die Unterschiede im Gottes- und Menschenverständnis viel zu groß sind. Deshalb ist "einen christlichen H. zu vertreten eine Gratwanderung" (Rainer Mayer, ELThG, Bd. 2, S. 937), da zwar die biblische Offenbarung die Entfaltung des Humanen nicht hindert, sondern eher fordert und fördert, die Missverständlichkeit, eine Synthese von christlichem Glauben und H. im Sinne des Renaissance-H. aber nahe legt, weshalb besser auf diese "Gratwanderung" verzichtet wird.

5. Humanismus apologetisch beurteilt

H. (lat. humanum = das Menschliche) ist „das voll entfaltete edle Menschentum, das in der harmonischen Ausbildung der menschlichen Kräfte und in der Herrschaft des Geistes über die eigenen Leidenschaften gründet und sich besonders in Teilnahme und Hilfsbereitschaft für den Mitmenschen, in Verständnis und Duldsamkeit für seine Lebensart äußert. In diesem Sinn ist H. besonders seit Lessing, Herder, Goethe, Schiller, W. v. Humboldt zum Inhalt einer der höchsten sittlichen Ideen des Abendlands geworden" (Meyers Großes Handlexikon, Art. „Humanismus"). Dieses Verständnis des Menschen ist optimistisch. Der optimistische H. geht davon aus, dass der Mensch von Natur aus gut sei; nur die Gesellschaft habe ihn verdorben, wie etwa der Philosoph Jean Jacques Rousseau formulierte. Dieser wollte deshalb Kinder in besonderen Heimen aufziehen lassen, um sie dem schädlichen Einfluss der Gesellschaft zu entziehen und das von Natur aus Gute zu erhalten. In enger Verbindung mit dem optimistischen H. steht der >Idealismus. Der Idealismus behauptet, dass im Menschen etwas Gutes oder gar Göttliches vorhanden sei: etwa die göttliche Idee (>Plato), ein guter Kern (>Aufklärungs-Philosophie), ein göttlicher Funke (verschiedene Vertreter der >Mystik), eine unsterbliche Seele (verschiedene Vertreter der >Romantik u.a.). Oder die Vernunft sei das Göttliche im Menschen, so die Ansicht des >Rationalismus, welcher im Zusammenhang steht mit dem optimistischen H. mit seinem optimistischen Menschenbild. Der Mensch sei von Natur aus vollkommen rein und gut. So setze er autonom und selbstherrlich seine Gebote selbst. Der optimistische H. steht auch in Verbindung mit dem >Kollektivismus: Das Reich der vereinigten Menschheit, die Weltökumene, bringe den Weltfrieden. Diese Gedanken sind im Ökumenischen Rat der Kirchen aktuell geworden, aber auch in vielen anderen Gremien existiert diese Vorstellung.

Um die Ideologie des H. zu beurteilen, ist zu fragen, was die Bibel über das Wesen des Menschen sagt. In biblischer Sicht ist der Mensch nicht autonom, sondern Geschöpf Gottes, eine "lebendige Seele", wie es in 1. Mose 1,27-28 heißt. Dort steht, dass der Mensch geschaffen ist aus Erde (hebr. adama) und aus Lebensatem (hebr. ruach oder neschama), also aus Materie und Geist. Der Mensch existiert in der Beziehung zum Schöpfer, welcher ursprünglich die Ewigkeit in ihn hineingelegt hat. Aber der Mensch ist gefallen, völlig verderbt durch die Sünde, nicht nur krank, sondern tot in Sünde. Er kann jedoch erneuert werden durch Jesus Christus, der wahrer Gott und wahrer Mensch zugleich ist, indem er mit ihm in Gemeinschaft tritt durch den Glauben, indem er Jesu stellvertretendes Opfer am Kreuz und seine Auferstehung für sich annimmt. So wird er ein neues Wesen: Aus dem gefallenen Geschöpf wird ein gerettetes Kind Gottes, welches die Verheißung ewigen Lebens hat. Daraus ergeben sich folgende Kritikpunkte am H.:

a. Der Mensch ist *komplett* als geistig-leibliches Wesen der Sünde verfallen (man kann auch sagen: als Geist-Seele-Leib-Wesen) - und nicht nur ein Teil von ihm. 1. Mose 8,21: "Das Dichten und Trachten des menschlichen Herzens ist böse von Jugend auf." Psalm 51,7: "Siehe, ich bin als Sünder geboren, und meine Mutter hat mich in Sünden empfangen." Röm 3,10:

"Da ist keiner, der gerecht ist, auch nicht einer". Von Natur aus sind wir durch die Sünde tot, auch unser Geist, der sich in Hochmut anmaßt, von Natur aus göttlich zu sein. Die "superbia", der Hochmut, ist, wie Luther in Anlehnung an Augustinus formuliert, die Wurzel der Sünde, die zur Gottesferne führt. Der Mensch als Ganzheit ist also gefallen und verderbt. Die Bibel lehrt nicht nur die Tatsünde, sondern auch die Erbsünde. Egal ob man sich die Erbsünde biologisch oder repräsentativ vorstellt, die Bibel sagt, dass wir durch Adams Sünde von Natur aus verderbt sind. Wie wir auch im Römerbrief lesen, ist in unserem Fleisch nichts Gutes. Wir müssen erneuert werden durch den Geist Gottes in Jesus Christus. Die Erbsünde und die Trennung von Gott als Wurzelsünde liegt den einzelnen Tatsünden zugrunde, die daraus resultieren. Dass wir von Natur aus nicht gut sind, lehrt übrigens nicht nur die Bibel, sondern - stets sehr schmerzlich - auch die alltägliche Erfahrung.

b. Die leibliche >Auferstehung steht gegen die philosophische Unsterblichkeitshoffnung. Philosophische Unsterblichkeit ist nichts anderes als ewige Verlorenheit, da der Mensch glaubt, er könne in Ewigkeit weiterleben ohne die Beziehung zu Gott. Er lebt zwar tatsächlich weiter, aber in der ewigen Gottesferne oder Verdammnis, wie die Bibel sagt. Wenn gelehrt wird, der Mensch sei von Natur aus göttlich und gut, dann lebt er in dieser Verlorenheit (>Ganztod-Lehre).

c. Wenn gesagt wird, dass die vereinigte Menschheit aus eigener Kraft das Weltfriedensreich ohne Gott aufbauen wird, dann handelt es sich bei diesem Reich um das Welteinheitsreich des Menschen mit der dreifach gesteigerten Zahl des Menschen, welche lautet 666 (Offb 13). Dieses wird das Reich des >Antichristen sein.

S. auch: >Aufklärung; >Einheit, wahre und falsche; >Freimaurerei; >Toleranz.

Lit.: K. Barth, Die Menschlichkeit Gottes, Theologische Studien, Bd. 48, 1956; K. Bockmühl, Reich Gottes und Humanismus, in: ders., Theologie und Lebensführung, 1982; E. Brunner, Der Mensch im Widerspruch, 4. Aufl. 1965; Das Menschenbild im Lichte des Evangeliums, Festschrift für Emil Brunner; Historisches Wörterbuch der Philosophie, Bd. 3, 1974, S. 1217-1232; W. Jaeger, Humanismus und Theologie, dt. 1960; H. Liebing, Humanismus - Reformation - Konfession, 1986; H. Lilje, Atheismus, Humanismus, Christentum, 1962; G. Rohrmoser, Lutherische Rundschau, 19, 1969, S. 271-280; C. Walter, Lutherische Rundschau, 19, 1969, S. 179-193.
Walter Rominger (1-4) / Lothar Gassmann (5)

Humanistische Psychologie: U. Völker gibt folgende Definition: "Die H.P. ist eine intellektuelle und soziale Bewegung innerhalb der Psychologie, die eine Erneuerung des psychologischen Denkens im Geiste des >Humanismus und >Existentialismus anstrebt. Sie kann nicht den Anspruch erheben, eine eigenständige Schule zu sein, da es bis heute nicht gelungen ist, eine einheitliche Theorie zu entwickeln" (H.P., 1980, 13). Deshalb wäre es eigentlich richtiger, von den H.P.n (Mehrzahl) oder den Schulen der H.P. zu sprechen. Dennoch gibt es gemeinsame Grundzüge der verschiedenen Schulen bezüglich des Menschenbilds. Zentrales Theorem der H.P. ist die Idee vom Menschen als einem aktiven Gestalter seiner eigenen Existenz. Jeder Mensch sei von Natur aus auf Autonomie angelegt. H. Hagehülsmann gibt zu bedenken: "Die wie Axiome behandelten philosophischen, psychologischen, soziologischen und ethischen Grundannahmen eines Menschenbildes zur Natur, zum Wesen und Ziel des Menschen enthalten immer auch Glaubensmomente und Hoffnungen" (in: H. Petzold, Wege zum Menschen, Bd. 1, 1984, 20). Die Grundannahme vom Menschen, der sich selbst verwirklicht und zugleich in sich die

Kraft zur Selbstverwirklichung findet, zieht sich durch sämtliche Schulen der H.P. Innerhalb der psychologischen Wissenschaft sind vor allem Alfred >Adler und C. G. >Jung als Wegbereiter der H.P. zu sehen. Als Hauptvertreter der H.P. gelten Abraham Maslow, Fritz Perls und Carl Rogers.

Ahraham Maslows Wachstums-Theorie beruht auf der Annahme dass der Mensch von Natur aus gut ist und nach Wachstum strebt. Im Menschen ruht ein Kräftepotential, das durch widrige Außeneinflüsse zwar gehemmt, aber niemals ausgelöscht werden kann. Es drängt fortlaufend zur Verwirklichung. Um seelisch gesund zu sein und sich weiterzuentwickeln, muss der Mensch mittels dieses Potentials seine Bedürfnisse befriedigen - und zwar in der folgenden aufsteigenden Rangfolge - wobei sich jeweils nach Erfüllung des niedrigeren Bedürfnisses das nächsthöhere zu Wort meldet: Bedürfnis nach physiologischer Zufriedenstellung, Sicherheit, Zugehörigkeit, Liebe, Selbstachtung, Selbstverwirklichung. Wichtige Eigenschaften des selbstverwirklichten Menschen sind: Unabhängigkeit, Autonomie, Realitätssinn, Akzeptanz, Kreativität, Spontaneität u. a. Intelligenz ist nicht nötig, "Vollkommenheit" und das Einhalten von Vorschriften ist weder erforderlich noch wünschenswert. L. Bischof schreibt: "Viele der von ihm (Maslow) untersuchten Menschen, die er als selbstverwirklicht betrachtete, waren hochmütig, eitel, hatten Vorurteile und besaßen sogar eine Art ´schneidender Kälte` (...) Der selbstverwirklichte Mensch ist nicht jemand, der völlig glücklich oder erfolgreich oder übermäßig gut angepasst wäre. Er hat lediglich seine eigene Persönlichkeit nach seinem besten Vermögen verwirklicht" (Persönlichkeitstheorien, Bd. 2, 1983, 311).

Auch *Fritz Perls* betrachtet im Rahmen seiner >Gestalttherapie den Menschen als autonomes, aktives Selbst, das nach Ganzheit durch Verwirklichung der in ihm ruhenden Potentiale strebt. Dazu ist es nötig, Blockierungen im Erleben, Wahrnehmen und Handeln aufzulösen. Das Selbst ist als zentrales System zu Beginn des Lebens rudimentär vorhanden, verwirklicht sich aber nur im Prozess, in Kontakten, in der Interaktion mit dem Umfeld (vgl. Kurt >Lewin). Der Leib als Grundlage menschlichen Existierens, als "fleischgewordene persönliche Geschichte" bildet die Basis des Selbst. Durch das Ich als bewusstseinstragende Komponente wird das Selbst erkannt. "Identität entsteht danach durch das Zusammenwirken des Leibes mit dem sozialen und ökologischen Kontext (Lebensraum) im Zeitkontinuum: I = Kt (L, Kn)" (Ch. Bünte-Ludwig, Gestalttherapie, in: Petzold, Wege zum Menschen, Bd. 1, 1984, 255). Durch eine organismische Selbstregulation besitzt jeder Mensch die Möglichkeit und Tendenz zur Selbstverwirklichung mit dem Ziel, seine eigenen Bedürfnisse zu befriedigen, zu wachsen und sich schöpferisch an die gegebenen Situationen anzupassen.

Schließlich steht und fällt auch *Carl Rogers'* Gesprächspsychotherapie mit der Annahme, dass der Mensch von Natur aus gut sei, dass dem Organismus ein Streben nach Wachstum, Reifung und Selbstverwirklichung innewohne, dass dieses Streben "verschüttet" sein könne und wieder "befreit" werden müsse. Durch Einfühlsamkeit (Empathie), Wertschätzung (Akzeptanz) und Echtheit (Authentizität) muss der Therapeut daher ein wachstumsförderndes Klima schaffen, das es dem Klienten ermöglicht, die in ihm selbst verborgenen Kräfte des Guten und der Heilung zur Entfaltung zu bringen. Nicht von außen, sondern von innen (aus dem Inneren des Klienten) kommen die Heilkräfte. Der Berater bzw. Therapeut fungiert als Katalysator zur Freisetzung der verschütteten Energien, aber auf keinen Fall als "Ratgeber", als Verordner von Ratschlägen oder "Wahrheiten". Folgender Kernsatz von Rogers gilt auch für den Umgang mit seinen Klienten: "Erfahrung ist für mich die höchste Autorität (...) Weder die Bibel noch die Propheten, weder Freud noch die Forschung, weder die Offenbarungen Gottes noch des Menschen können Vorrang vor meiner direk-

ten Erfahrung haben." Und er fährt fort: "Es ist meine Erfahrung gewesen, dass Menschen eine im Grunde positive Entwicklungsrichtung haben" (Entwicklung der Persönlichkeit, 1979, 39.42). Gerade die "nichtdirektive, klientenzentrierte Gesprächspsychotherapie" von Carl Rogers ist es, die einen ungeheuren Einfluss auf die pastoralpsychologisch geprägte "moderne Seelsorgebewegung" ausgeübt hat. Im Blick auf die übrigen von der H.P. geprägten Schulen (>Bioenergetik, >Transaktionsanalyse, Familientherapie, Therapeutische Gemeinschaften usw.) genügt der Hinweis, dass sie ebenfalls von diesem Menschenbild geprägt sind: Der Mensch ist von Natur aus gut. Er will und kann sich selbst verwirklichen. Er schöpft Heilung und Heil für sich selbst - aus sich selbst. Dieses Welt- und Menschenbild steht zur Lehre der Bibel in einem unvereinbaren Widerspruch. Zur Beurteilung und Kritik der H.P. und ihrer Anwendung in der Pastoralpsychologie siehe ausführlich den Artikel >Seelsorge (im Kleinen Theologie-Handbuch).
Lit.: L. Gassmann (Hg.), Gefahr für die Seele. Seelsorge zwischen Selbstverwirklichung und Christuswirklichkeit, 1986
Lothar Gassmann

Idealismus

A. Der Begriff:
Der Sache nach ist der I. die älteste Richtung abendländischer Philosophie und bildet gerade den für die Neuzeit charakteristischen philosophischen Denkansatz, wobei der Ausdruck I. eine Schöpfung des 17. Jahrhunderts ist. Der I. geht von der philosophischen Annahme aus, dass allen Dingen unserer Welt nur eine scheinbar selbständige Existenz zukommt, so dass nicht das Wahrnehmbare, sondern die dahinter stehenden Ideen die Welt konstituieren. Grundbedingung allen Seins ist nicht der Stoff, sondern der Geist, die Seele, der Wille. Daneben gibt es einen weiteren, weniger präzisen Sinn von I., wonach alles

Denken das Wirkliche seinem Wesen nach als geistiger Natur ansieht, wobei dann auch von Spiritualismus zu sprechen ist. Sind auch rein idealistische Lehren in der Geistesgeschichte durchaus selten, so begegnen idealistische Motive bei vielen Denkern. Den Gegensatz zum I. bildet nicht der >Rationalismus, sondern der Realismus.

Ist der I. auch im Einzelnen stark unterschiedlich, so weist er doch drei Gemeinsamkeiten auf: 1. Vorrangig vor allen Einzelerscheinungen ist die Idee; 2. Erkenntnis gibt es nur aufgrund der Übereinstimmung von menschlichem Bewusstsein und transzendentalen Ideen; 3. Seine Einschätzung des Menschen ist eine optimistische, so dass er in Freiheit das Gute, Wahre und Schöne verwirklichen soll und kann. Für die Umgangssprache scheint das dritte Charakteristikum das entscheidende geworden zu sein, wird doch darin I. vor allem in einem ethischen Sinn verstanden als Einstellung, die sich nicht am eigenen Vorteil, sondern an einem „Ideal" ausrichtet. Der I. als die dominante Denkform der Neuzeit bis hin zum wissenschaftlichen Positivismus des 19. Jahrhunderts ist ohne die platonische Ideenlehre nicht denkbar, kann aber auch nicht mit dieser einfach identifiziert werden.

B. Die Herkunft: die Ideenlehre Platons

Der I. in all seinen Formen geht auf die Ideenlehre Platons (427 347 v. Chr.) zurück. Über die wechselnden Erscheinungen der gegenständlichen Welt hinausgehend, fragte er nach deren unveränderlichem Wesen, nach deren „Ideen". Nicht die Erscheinungen der sinnlichen Wahrnehmung sind die letzte Realität, sondern nur die ursprünglichen Ideen. Deshalb ist die Idee die Wirklichkeit, nicht das vergängliche Einzelobjekt. In seinem bekannten Höhlengleichnis hat Platon dies zu veranschaulichen versucht. Es besagt: Nicht die Schatten, die gesehen werden, sind das Eigentliche, sondern die Gegenstände, die vorbei getragen werden. Platons Anschauung, für die das Reich der Ideen wesentlich ist, wurde von Plotin (um 204-270 n. Chr.), dem Begründer des Neuplatonismus, aufgenommen und weiterentwickelt. Der Neuplatonismus hat das Christentum ab dem 3. Jahrhundert nicht unbeeinflusst gelassen.

Im Mittelalter gab es eine ausführliche Diskussion darüber, wie die Ideen zu deuten sind: als den Dingen voraus liegende Wirklichkeit, als Prinzip des Seins in den Dingen oder nur als nachträgliche sprachliche Bezeichnung für die Dinge. Somit stand der Ideenrealismus gegen den Nominalismus. Durch die Umformung des Platonismus während des Mittelalters in den Ideenrealismus ist der Platonismus zur Grundlage des I. in der Neuzeit, insbesondere des deutschen I. geworden.

C. Der Deutsche Idealismus

a. Vorgeschichte

Eine Voraussetzung des Deutschen I. ist die erstmals von Descartes durchgeführte Spaltung der Wirklichkeit in Subjekt und Objekt, deren Verhältnisbestimmung zueinander die Aufgabe der Philosophie wird. Auch wenn Immanuel Kant (1724-1804) nicht dem Deutschen I. direkt zugerechnet werden kann, kann er doch als dessen Wegbereiter angesehen werden, da seine Philosophie der transzendentalen Reflexion den Anknüpfungspunkt des Deutschen I. bildet.

b. Eigentliche Epoche des Deutschen Idealismus: Fichte, Schelling, Hegel

Ist auch der deutsche Begriff I. auf verschiedene Philosophien angewandt worden, so wird er doch vor allem mit der Epoche, die Deutscher I. genannt wird, in Verbindung gebracht. In der Dichtung wurde er am reinsten durch Friedrich Schiller (1759-1805), in der Philosophie durch Johann Gottlieb Fichte (1762-1814) und Georg Friedrich Wilhelm Hegel (1770-1831) vertreten. Trotz aller auch im Deutschen I. auftretenden Unterschiede ist ein wesentliches Kennzeichen, dass beim Selbstbewusstsein des Menschen eingesetzt wird, von wo aus die Wirklichkeit konstruiert wird. Wird auch der Begriff des deutschen I. (auch spekulativer I. genannt) als Bezeichnung für das Denken Fichtes, Schellings und Hegels verwendet, so kann der Begriff auch in dem Sinne Anwendung finden, indem er auf Zeitgenossen, die von diesem Denken beeinflusst sind, ausgeweitet wird, etwa, Herder, Goethe, Schiller, Hölderlin, Schleiermacher, W. v. Humboldt. Der Deutsche I., der in engem Kontakt mit der Universität steht, hat demnach eine solch breite Wirkung entfaltet, die in der Geschichte einmalig ist und so das Denken seiner Zeit und weit darüber hinaus beherrscht.

Mittelpunkt der Philosophie des Deutschen I. ist zunächst Jena, wo Fichte, Hegel und Schelling lehren. Später, durch den Weggang von Hegel und Fichte und schließlich auch von Schelling nach Berlin verlagert sich der Mittelpunkt idealistischer Philosophie dorthin. Wesen idealistischer Philosophie ist die Form der Dialektik. Das Absolute kommt in die Endlichkeit herab, erfährt das Endliche in seiner Endlichkeit und überwindet sich damit selbst. So vollzieht sich die Vermittlung zwischen dem Absoluten und dem Endlichen, wobei, bei Hegel besonders auffällig, die christologischen Ursprünge deutlich werden.

Sowohl Fichte als auch Hegel und Schelling begannen als evangelische Theologen und haben sich auch bis an ihr Lebensende als Protestanten verstanden. Innerhalb des Protestantismus stellt ihre Philosophie den bisher umfassendsten Versuch dar, Glauben und Wissen in einen Ausgleich zu bringen. In ihren Vorstellungen nehmen trinitarische Spekulationen einen wichtigen Rang ein. Trotz der Ablehnung durch Kant werden >Gottesbeweise wieder denkbar. Ein theologischer Versöhnungsbegriff steht hinter dem Begriff der Vermittlung. Die Geschichtsphilosophie wird heilsgeschichtlich konzipiert, wobei die Religionsgeschichte den Kern dieser bildet. Geschätzt wird das Johannesevangelium; der Apostel Johannes gilt für den Deutschen I. als Symbol endgültiger Versöhnung von Philosophie und Religion.

c. Wirkungsgeschichte des Deutschen Idealismus
Wie wirkungsvoll der Deutsche I. war, zeigt sich daran, dass die Philosophiegeschichte nach ihm fast mit ihm identisch ist, bis weit ins 20. Jahrhundert hineinreicht und weit über den wissenschaftlichen Bereich hinausreicht. Hegel wurde für die Geschichte Preußens bedeutend. In ganz Europa, besonders ausgeprägt in Italien, bildeten sich Schulen, die die idealistische Tradition pflegten. Der Neukantianismus in Deutschland zeigte Berührungspunkte mit dem Deutschen I. Im Neuhegelianismus hatte der Deutsche I. direkte Nachwirkungen. Das historische Bewusstsein machte sich philosophisch erstmals im deutschen I. bemerkbar. Für die Philosophie selbst bedeutete dies, dass die Philosophiegeschichte nicht mehr außerhalb der Philosophie steht, sondern selbst Teil dieser ist bzw. wird. Gegenwärtiges Philosophieren scheint, wie es ähnlich auch für die Theologie gilt, eine historisch orientierte Disziplin geworden zu sein und sich fast in der Philosophiegeschichte zu erschöpfen, ohne die Kraft zu haben, neue Ideen vertreten zu können, oder ist von der Soziologie abgelöst.
Die Entwicklung der Geisteswissenschaften ist ohne den Deutschen I. nicht denkbar. Nicht zu unterschätzen ist der Einfluss des Deutschen I. auf die evangelische Theologie. Kirchliche Kreise, vor allem die >Liberale Theologie (Ferdinand Christian Baur, Tübinger Schule) standen ihm positiv gegenüber und ließen sich von ihm befruchten, aber auch theologisch konservative Ausrichtungen (Erlanger Theologie, Erweckungsbewegung) waren nicht frei davon. Und im ausgehenden 20. Jahrhundert ist Wolfhart Pannenbergs „Systematische Theologie" (3 Bände, 1988-1993) nicht ohne die Philosophie des Deutschen I. denkbar und vor allem in Anlehnung an Hegels Denken entworfen. Seine historischen Wirkungen übte der Deut-

sche I. vor allem durch die Philosophie Hegels aus, während
Fichte und Schelling nicht diese Bedeutung gewinnen konnten.
Die stärkste Wirkung des I. aber konnte die Kritik, die er herausforderte und die sich ihm doch im Ansatz verpflichtet fühl-
te, erreichen. So ist für das Denken Feuerbachs, Kierkegaards,
Nietzsches, Diltheys, Heideggers bis hin zu Marx und der neomarxistischen Frankfurter Schule (vor allem Adorno, Horkheimer) der Deutsche I. die notwendige Voraussetzung - und
sei es auch nur, wie bei der Frankfurter Schule, dessen Ablehnung (>Kommunismus, >Neomarxismus). Nach Hegel schlug
der I. im linken Flügel seiner Schule in den >Materialismus
von Ludwig Feuerbach (1804-1877) und von Karl Marx (1818-
1883) durch den konsequenten Materialismus um, wobei vor
allem die Auseinandersetzung Marx's mit dem idealistischen
Denken Folgen zeitigte, die weltgeschichtliches Ausmaß an-
nahmen. Marx gab vor, Hegel „vom Kopf auf die Füße" zu
stellen. Nicht der Geist, nicht Ideen, sondern die Materie bestimmen nach Marx die Welt- und Lebensgeschichte. Nach
Friedrich Nietzsche (1844-1900) und Siegmund Freud (1856-
1939) sind es die Triebe, die für die Welt- und Lebensgeschichte bestimmend sind.

*D. Idealismus und christlicher Glaube (oder: Einwände gegen
den Idealismus)*
Kritik erwuchs dem I. sowohl vom Realismus als auch von den
immer beherrschender werdenden Naturwissenschaften, deren
Kritik immer mehr an Einfluss gewann. Das die Naturwissenschaften im 19. und zu Beginn des 20. Jahrhunderts leitende
geschlossene Weltbild vermochte hinter den Dingen keine
Ideen zu erkennen. Aber nicht allein naturwissenschaftliche
und philosophische Kritik, sondern auch theologische Kritik
und Anfragen sind an den I. zu stellen, der meist vorbehaltlose
und kritiklose Zustimmung oder voreilige Ablehnung erfuhr.
Dem Vorwurf, der immer wieder erhoben wird, der Deutsche I.

sei pantheistisch (>Pantheismus), wird zwar entgegengehalten, dieser Vorwurf lasse sich aus den Texten nicht erhärten, enthält jedoch mehr als einen Funken Wahrheit, ebenso der, der Deutsche I. vertrete eine Vernunftreligion, in der Gott mit dem Sittengesetz zusammenfalle; denn der Mensch kann nicht aufgrund sittlicher >Autonomie sein eigener Gesetzgeber sein. Ethik ist nicht vom Menschen, sondern von Gott aus zu begründen. Der vom Deutschen I. postulierte Geist ist nicht dasselbe wie der Heilige Geist der Bibel. Der Geist des Menschen ist durch die Sünde von Gott getrennt. Deshalb sind sowohl die Konzeption Fichtes und Hegels als auch die Versenkung in die eigene Natur bei Schelling kein Weg zum Heil. Kein Mensch trägt die Erlösung in sich, sondern bedarf der Erlösung, die von außen kommt durch Christus für Geist, Seele und Leib. Gottesverständnis der Bibel und Ideenbegriff des I. sind nicht dasselbe, da Gott nicht Idee, sondern persönliches Gegenüber als Schöpfer und Erlöser ist. Fremd ist dem Schöpfungsglauben der Bibel die Trennung von „Geist" und Natur, welchen der I., aber auch die Liberale und >Dialektische Theologie vollziehen. Zu Recht hat Martin Kähler (1835-1912) vor einer unkritischen Anwendung idealistischer Begriffe in der Theologie gewarnt. Denn trotz möglicher vorhandener formaler Parallelen zwischen idealistischem Weltbild und christlichem Glauben bestehen fundamentale Unterschiede. Das Denksystem Hegels kann nicht leitend für eine „Systematische Theologie" sein, wie dies etwa bei Wolfhart Pannenberg geschieht. Einer Überlegung wert scheint die Nachprüfung, ob nicht idealistische Gedanken im >New Age aufgenommen und transformiert wurden, da das New Age von einer Beseelung alles Seienden ausgeht.

Lit.: A. Gehlen, Wirklichkeitsbegriff des Idealismus. Blätter für deutsche Philosophie, 7, 1933, S. 379-391; E. Hirsch, Die idealistische Philosophie und das Christentum, 1926; H. Lamparter, Prüfet die Geister. Philosophen und Denker von Kant bis Bloch, 6. A. 1976 (1. A. 1961); K. Löwith, Von Hegel bis

Nietzsche, 1941; W. Lütgert, Die Religion des deutschen Idealismus und ihr Ende, Bd. 3: Höhe und Niedergang des I., 1926; Bd. 4: Das Ende des Idealismus im Zeitalter Bismarcks, 1930; A. Schlatter, Die philosophische Arbeit seit Cartesius, 5. A. 1981
Walter Rominger

Ideologie heißt wörtlich "Bilderlehre". Der Mensch macht sich selber ein Bild von sich selbst, der Welt und der Gottheit, die er verehrt. Entsprechend diesem Bild schaut er die Welt an (Welt-Anschauung). Dies widerspricht bekanntlich dem Gebot der Heiligen Schrift "Du sollst dir kein Bildnis machen" (2. Mose 20,4 ff.)!
Hilfreich für die *Definition* ist die Unterscheidung von Evangelium, Religion und I.:
a. Im *Evangelium* offenbart sich Gott als Handelnder dem Menschen und erlöst den, der an ihn glaubt.
b. In den *Religionen* erwählt sich der Mensch (als Subjekt) ein Objekt seiner Verehrung, eine Gottheit, und versucht, durch eigene Bemühungen und Werkgerechtigkeit Erlösung zu erlangen.
c. In den *Ideologien* leugnet der Mensch jede Transzendenz (Überweltlichkeit), erkennt vordergründig nur die unmittelbar erfahrbare Wirklichkeit an und vergottet sich selber; dabei aber baut er sich eine Quasitranszendenz (falsche Überweltlichkeit) auf aus Idealen wie Freiheit, Gleichheit, Brüderlichkeit, Nation, Humanität, Wohlstand, Einheit, Autonomie, Übermensch, neue Götter, Paradies auf Erden usw.: Die I. wird zur Quasireligion, zum Religionsersatz.
Der Dogmatikprofessor und Beteiligte am ersten und zweiten Kirchenkampf Prof. Walter Künneth nennt vier Eigenschaften als *Grund-Elemente* einer I.:

a. *Immanenz-Fundierung und -Orientierung:* Es gilt nur das Diesseits, diese uns bekannte raumzeitliche Welt; sie gilt es zu beeinflussen und zu ändern.

b. *Anthropologischer Denkansatz,* d. h. der Glaube an den Menschen und seine (unbegrenzten) Möglichkeiten. Der Mensch wird dabei biologisch-materialistisch (Mensch als Tier bzw. Maschine), liberal-idealistisch (der Mensch ist frei und von Natur aus gut) oder kollektivistisch (der Mensch ist ein Gesellschaftswesen) gesehen.

c. *Soteriologisch-futurische Tendenz:* Es wird eine Heilsbotschaft angeboten; das Heil ist dabei durch den Menschen (sofern er den Programmen der I. folgt) machbar.

d. *Gesetzlicher Aktivismus:* Das angestrebte Heil kann und muss mit allen zur Verfügung stehenden Mitteln, wenn nötig gewaltsam, herbeigeführt werden. Der Anhänger der I. hat dabei sein "Soll" an Aktionen zu erfüllen.

Eine I. ist damit alles andere als tolerant. In ihrem Auftreten auf der konkreten politisch-gesellschaftlichen Szene und in der Auseinandersetzung mit anderen Geistesströmungen und Meinungen zeichnet sie sich denn auch durch folgende vier *Merkmale* aus:

a. *Absolutheitsanspruch:* Die I. ist allein wahr, sie hat immer recht. Jede Konkurrenz muss daher unterdrückt werden. Eine Duldung anderer I.n oder Religionen kann nur aus diplomatischen bzw. taktischen Gründen und nur für einen begrenzten Zeitraum erfolgen.

b. *Universalistische Intention:* Die I. will alle Lebensbereiche der Gesellschaft und des einzelnen beherrschen; das Ergebnis sind totalitäre Staaten.

c. Ideologien sind *Religionsersatz.*

d. *Psychologische Symptome:* Der Anhänger der I. hat dieser unbedingt ergeben zu sein und Andersdenkende zu hassen und zu bekämpfen (manchmal hinter einem Deckmantel der scheinbaren Toleranz versteckt).

Ideologische Kennzeichen weisen u. a. folgende *Bewegungen* auf: sämtliche "ismen", also >Kommunismus, >Nationalsozialismus, >Neomarxismus, >Kapitalismus, >Rassismus, >Evolutionismus, >Humanismus, >Ökumenismus, >Liberalismus, theologischer >Modernismus; One-World-Ideologie.; gewisse psychologische, soziologische, ethnologische, humanwissenschaftliche u.a. Schulen.

Die einzige hilfreiche und befreiende *Antwort* auf jede Form von Ideologien ist das Evangelium von >Jesus Christus, dem in die Welt gekommenen Sohn Gottes, Erlöser und Herrn. Er spricht: „Wenn ihr bleiben werdet an meinem Wort, so werdet ihr wahrhaftig meine Jünger und werdet die Wahrheit erkennen, und die Wahrheit wird euch frei machen ... Wenn euch der Sohn frei macht, dann seid ihr wirklich frei" (Joh 8,31f.36).

Lit.: W. Künneth, "Ideologie und Evangelium in systematisch-theologischer Deutung", in: P. Beyerhaus (Hg.), Ideologien - Herausforderung an den Glauben, 1979, 24 ff.; L. Gassmann, Prüfet die Geister! Atheismus, Feminismus, Humanismus und andere Ideologien, 2002.

Lothar Gassmann

Kapitalismus

Mit dem Wort Kapitalismus bezeichnet man die gegenwärtig weltweit vorherrschende Wirtschaftsordnung. K. hat sich als die bisher stärkste Wirtschaftsordnung erwiesen. Durch die im K. freiwerdenden ökonomischen Kräfte konnte er der Bevölkerung in den USA und Westeuropa, wo er am längsten wirken konnte, einen vergleichsweise höheren Wohlstand erwirtschaften als unter anderen Wirtschaftssystemen wie Sozialismus, islamische Wirtschaftsmodelle oder Tauschwirtschaft in Teilen der Dritten Welt. Durch seine geistige Verwandtschaft mit politisch liberalen Denkweisen ist der K. in den Augen seiner Gegner und seiner Anhänger eine Art wirtschaftsliberale Ideologie. Für viele seiner Anhänger ist eine freiheitlich-demokratische Ordnung ohne kapitalistische Wirtschaftsordnung nicht denkbar.

Grundprinzip kapitalistischer Wirtschaft war und ist das Erarbeiten von Gewinn. Dieser Gewinn wird möglichst immer wieder eingesetzt, um neuen Gewinn zu erwirtschaften. So kommt es zu einer Anhäufung von Kapital, was zu einer großen Macht in der Gesellschaft wird. Der Eigentümer bzw. die Eigentümergemeinschaft des Kapitals (Kapitalist) setzt das Eigentum (Kapital) im Produktionsprozess und auf dem Markt (Ort des Verkaufes) ein, um damit einen möglichst hohen Gewinn zu erwirtschaften. Da durch andere Kapitalisten Konkurrenz vorhanden ist, ist dieser Einsatz auf dem Markt mit dem Risiko des Verlustes des Kapitals verbunden. Deshalb geht der Kapitalist dieses Risiko nur dann ein, wenn er im positiven Fall einen erheblichen Gewinn erzielen kann. Den größten Erfolg kann der durchsetzungsfähige Kapitalist bei möglichst wenigen Einschränkungen seiner Aktivitäten durch Dritte, wie den Staat, guten Ausgangsmöglichkeiten (billige Rohstoffe, gut ausgebildete und gleichzeitig billige Arbeitskräfte und eine gewisse persönliche Skrupellosigkeit) erreichen. Deshalb bot die Entstehung freier Gesellschaften in Westeuropa und den USA des 17.-19. Jahrhunderts die besten Entwicklungsmöglichkeiten für den K. Durch private Eigentumsrechte an den Produktionsmitteln (Kapital) werden die Entscheidungsbefugnisse der Politik weitgehend entzogen und in Märkten dezentralisiert, da jeder Eigentümer (Kapitalist) rechtlich (nicht unbedingt tatsächlich) über seine eigene Planung verfügt.

Die privaten Produktionsmittel werden heute nur noch in seltenen Fällen direkt vom Eigentümer, sondern mehrheitlich von einer Personen- oder Kapitalgesellschaft verwaltet. Deren Geschäftsführer (Manager) entscheidet im Auftrag der Eigentümer, was nach der Prinzipal-Agens-Theorie zu Konflikten führen kann. Diese Interessenkonflikte zwischen Eigentümer und Manager sollen durch klare rechtliche und institutionelle Rahmenbedingungen (Corporate Governance) begrenzt werden.

Beurteilung des Kapitalismus aus christlicher Sicht
- Zwar sollten Christen die Erwirtschaftung von Profit nicht grundsätzlich ablehnen. Sie gehört zum Schöpfungsauftrag, die Erde untertan zu machen, dazu. Sie kann sogar ein Werk der Nächstenliebe sein. Durch gutes Wirtschaften werden Arbeitsplätze und somit Lebensmöglichkeiten für die Menschen geschaffen. Jesus sagte: „So ihr nun in dem ungerechten Mammon nicht treu seid, wer will euch das Wahrhaftige vertrauen?" (Lk 16,11). Da aber nicht das Wohl der Menschen, sondern die Gewinnmaximierung Ziel der kapitalistischen Wirtschaftsordnung ist, entwickelt sich der K. zu einer Art innerweltlicher Religion, wie schon Voltaire feststellte. Solche Religion können wir nur „Götzendienst" nennen. Der im K. verehrte Götze wurde von Jesus mit dem Namen „Mammon" bezeichnet. Wer den K. zur Grundhaltung seines Handelns macht, dem sagt Jesus: „Niemand kann zwei Herren dienen: entweder er wird den einen hassen und den andern lieben, oder er wird dem einen anhangen und den andern verachten. Ihr könnt nicht Gott dienen und dem Mammon" (Mt 6,24).
Die Bibel zeigt, dass die endzeitliche Welt von solchem Götzendienst geprägt sein wird: „Und die Kaufleute auf Erden werden weinen und Leid tragen über sie, weil ihre Ware niemand mehr kaufen wird, die Ware des Goldes und Silbers und Edelgesteins und die Perlen und köstliche Leinwand und Purpur und Seide und Scharlach und allerlei wohlriechendes Holz und allerlei Gefäß von Elfenbein und allerlei Gefäß von köstlichem Holz und von Erz und von Eisen und von Marmor und Zimt und Räuchwerk und Salbe und Weihrauch und Wein und

Öl und Semmelmehl und Weizen und Vieh und Schafe und
Pferde und Wagen und Leiber und Seelen der Menschen"
(Offb 18,11-13).
Wer sein Vertrauen auf das Geld setzt, ist einem moralischen
Laster verfallen, das in der Endzeit zu großer Bedeutung
kommt: „Denn es werden Menschen sein, die viel von sich hal-
ten, geizig, ruhmredig, hoffärtig, Lästerer, den Eltern ungehor-
sam, undankbar, ungeistlich ..." (2Tim 3,2). Gottes Wort
mahnt, Menschen solcher Gesinnung zu meiden (2Tim 3,3b).
Rainer Wagner

Kommunismus

1. Definition

Der Begriff K. kommt aus der lat. Sprache: communis = gemeinsam bzw. gemeinschaftlich. Durch seine Hoffnung auf
ideale irdische Verhältnisse, die nur mit der biblischen Lehre
vom 1000jährigen Friedensreich (>Chiliasmus) vergleichbar
sind (Offb 20), nimmt der K. die Form einer innerweltlichen
Erlösungslehre an. Daher ist K. im geistigen Grenzbereich zwischen Gesellschaftsform und >Religion anzusiedeln. Verschiedene Historiker sehen in ihm sogar eine christliche >Sekte in
säkularer Form. Wo man die praktische Realisierung des K. in
Angriff nahm, wurden auch äußerlich religiöse Formen sichtbar: Führende Personen bildeten eine Art hierarchisch geordne-
ter Priesterkaste (vom absoluten Generalsekretär der KPdSU
abwärts über die regionalen Parteichefs der Staaten und "Bru-
derparteien" bis zu den Parteisekretären in den Orten und Betrieben); der K. hatte Dogmen, die als unfehlbar galten (offizi-
elle Losung: "Die Lehre von Karl Marx ist allmächtig, weil sie
wahr ist!" oder "Die Partei hat immer recht"); Riten (Jugend-
weihe, sozialistische Namensgebungen usw.); feierliche Hand-
lungen (Gesänge und Märtyrerkult); einen absoluten Erlö-
sungs- und Wahrheitsanspruch.

Die Anfänge kommunistischen Denkens finden wir in der klassischen Philosophie und Staatslehre Athens sowie in einem überzogenen jüdisch-christlichen Chiliasmus. Der Mittelpunkt der Lehre des K. ist eine Gesellschafts- und Wirtschaftsutopie, die seit dem klassischen Altertum, teils im säkularem Raum, teils mit religiösem Unterbau, diskutiert und von vielen angestrebt wird. Zentralgedanke der kommunistischen >Ideologie ist eine menschheitserlösende Wirtschaftsutopie, die nur gemeinschaftliches Eigentum akzeptiert und jeden Privatbesitz ausschließt. Nach dieser Lehre hat alles Böse seine Ursache im Privateigentum. Die Beseitigung des Privateigentums zieht angeblich die Erlösung der Menschheit nach sich. Da diese Wirtschaftsordnung ohne grundlegende Veränderung von Staat und Gesellschaft nicht zu verwirklichen ist und sich auch umgestaltend auf Staat und Gesellschaft auswirkt, wird der K. auch zu einer Staatslehre.

Der K kann in den klassischen K. und den modernen K. unterschieden werden. Der heutige, moderne K. definiert den klassischen K. mit dem Begriff vom utopischen K., während er sich selbst als wissenschaftlichen K. oder realen K. bezeichnet. Trotz gewisser Unterschiede zwischen dem klassischen K. und dem auch „Marxismus-Leninismus" genannten modernen K. ist beider Grundlehre, nämlich die Menschheitserlösung durch Beseitigung des Privateigentums, gleich.

2. Geschichte
2.1. Klassischer (utopischer) Kommunismus in seinen denkerischen Anfängen und versuchten Verwirklichungen
Als erster definierte Plato (428-346 v. Chr.) den Gedanken der "Gemeinschaft der Frauen, der Kinder und des Eigentums" in seiner Staatsphilosophie. Dabei sah sich Plato selbst in der Tradition u.a. mit einem der sogenannten Sieben Weisen, dem Athener Staatsreformer und Dichter Solon (etwa 640-560 v.Chr). Plato meinte, man könne die von Solon angestrebte

"Eintracht der Menschen" durch den K. am Besten verwirklichen. Später versuchten u.a. der persische Sektenführer Mazak
(6. Jh. n. Chr.), der Bauernführer Thomas Müntzer (1490-
1525), der Inder M. Gandhi (1869-1948) oder auch Lew
Tolstoi (1828-1910), kommunistische Ideale in die Tat umzu-
setzen. Gnostische Sekten (Circumcillionen), Donatisten, aber
auch Kirchenführer wie Chrysostomus (324-407) vertraten
kommunistische Gedanken unter Berufung auf die Güterge-
meinschaft der Urgemeinde in Jerusalem (Apg 2,24f.). Das
Mönchtum im mittelalterlichen Chiliasmus (Joachim von Fiore), aber auch mittelalterliche Sekten (>Katharer) und Reformbewegungen (>Waldenser und Taboriten), vertraten in wirt-
schaftlicher Hinsicht teilweise kommunistische Ideen. Bei Sei-
tenrichtungen der >Täufer-Bewegung (Täufertheokratie von
Münster 1534/35; Hutterer u.a.), bei einigen Vorläufern des
>Pietismus (Labadisten) und in Kommunitäten und einigen
Sekten der Neuzeit (>Volkstempler) sind vereinzelt kommunistische Experimente zu finden.
Als staatsgestaltend trat K. erstmalig unter König Kawad (489-
531) in Persien kurzzeitig in Erscheinung. Kawad förderte eine
Zeit lang, möglicherweise um aristokratische Gegner auszu-
schalten, die Lehre des religiös motivierten Sozialreformers
und zoroastrischen Sektenführers Mazak, der die Abschaffung
des Eigentums und die Gleichheit aller Menschen betonte. Die
staatlich durchgesetzte Güter- und Frauengemeinschaft soll zu
einem wirtschaftlichen und familiären Chaos im Lande geführt
haben. Der Versuch endete mit einem Putschversuch und
Volksaufstand (498/99). König Kawad gestatte seinem Sohn
und Nachfolger Chosrau (531-578) ab 528 die blutige Vernichtung der Mazakiten.
Während der kurzen Herrschaft der Täufer in Münster
(1534/35) versuchte man ebenfalls, die Abschaffung des Privateigentums und die gemeinsame Nutzung aller Dinge (und
sogar der Frauen) durchzusetzen. Dieses Reich fand ein ge-

waltsames Ende. Erfolgreicher waren freiwillige Versuche der
Einführung kommunistischer Wirtschaftsordnung in meist religiös motivierten, sich von der übrigen Welt absondernden
Gruppen. Dauerhaft setzte sich der Verzicht auf Privateigentum
nur in den streng hierarchisch aufgebauten Systemen der katholischen oder orthodoxen Klöster durch.
Seit dem 18. Jahrhundert kam es zu vielfältigen Versuchen,
kommunistische Verhältnisse auf freiwilliger Basis einzuführen. Wir finden derartige Experimente in der aus hinduistischer
Tradition kommenden Ashrambewegung, und hier besonders
in den auf Mahatma Gandhi (1869-1948) zurückgehenden Ashramgründungen in Indien oder seinen berühmten südafrikanischen Ashrams "Phönix" oder "Tolstoi Farm". Kommunistische Ideen standen auch hinter der im Jahr 1851 in China entstandenen Taiping-Bewegung (großer Frieden), deren Mitglieder ihr Eigentum freiwillig zur gemeinsamen Nutzung einbrachten, oder in der israelischen Kibbuzbewegung.

2.2. Die Anfänge des modernen Kommunismus

Der moderne K. unterscheidet sich vom klassischen K. vor allem durch die Verbindung von Beseitigung des Privateigentums mit den Interessen der neu entstandenen Gesellschaftsklasse, des Proletariats. Eine erste kommunistische Organisation (Partei) war die von Francois Noel Baboeuf (1760-97) gegründete "societé des égaux". Sie schloss sich mit dem von
dem gebürtigen Italiener Filippo Buonarotti (1760-1837) geführten "Verein des Pantheon" zusammen. In seinem Buch
"Conspiration pour l' égalité" erörtert Buonarotti die Gründe
des Scheiterns dieser ersten Organisation und beschreibt deren
kommunistische Ideale. Buonarotti inspirierte mit seinen
kommunistischen Gedanken die Generation der Revolutionäre
von 1830-1848. Buonarottis wichtigster Schüler war Auguste
Blaqui (1805-1881). Er trat für eine gewaltsame Machtergreifung einer elitären Gruppe mit dem Ziel der Einführung des

Kommunismus ein. Etiennet Cabet (1788-1856) war ein weiterer früher Vertreter des modernen Kommunismus. Die von ihm geführte kommunistische Gruppe lehnte im Gegensatz zu Buonarotti und Blaqui einen gewaltsamen Umsturz ab, machte aber die kommunistischen Ideen durch das von Cabet verfasste "credo communiste" (kommunistisches Glaubensbekenntnis) und seinen auch ins Deutsche übersetzten Roman "Voyage en Icarie" (1842) populär. Diese kommunistischen Gedanken beeinflussten viele im Pariser Exil lebende Deutsche. Dort gründeten die Privatdozenten Schuster und Venedey 1834 den "Bund der Geächteten", dessen linker Flügel sich 1836 abspaltete und den "Bund der Gerechten" bildete, der sich später "Bund der Kommunisten" nannte. Nach Schusters Ausscheiden übernahm der Handwerker Wilhelm Weidling (1808-1871) den Vorsitz und Moses Heß (1812-1875) die intellektuelle Führung des "Bundes der Kommunisten". Die Deutschen "Schapper, Bauer und Genossen", die zum "Bund der Kommunisten" gehörten, beteiligten sich 1839 an einem Aufstandsversuch. Nach dessen Scheitern und ihrer Haftentlassung gingen sie ins Londoner Exil und gründeten im Februar 1840 den deutschen Arbeiterbildungsverein. Karl Marx (1818-1883) und Friedrich Engels (1820-1895) standen diesem Bund nahe und verfassten in seinem Auftrag das 1848 erschienene "Kommunistische Manifest".

2.3. Der moderne Kommunismus marxistisch-leninistischer Prägung

Die Mitglieder des Londoner Arbeitervereins unterstützten die bürgerliche Revolution von 1848 in Deutschland. Marx verlegte zeitweise den Sitz des Arbeiterbildungsvereins nach Köln, wo er auch die "Neue Rheinische Zeitung", als kommunistisches Sprachrohr, redigierte. Nach der Niederlage der 48er Revolution verlegte Marx seinen Wirkungsort wieder nach London, wo er als Journalist tätig war. 1852 spaltete sich auch der

Arbeiterbildungsverein. Im Gegensatz zu den meisten Vorstandsmitgliedern sahen Marx und Engels die Zeit für die Errichtung des Kommunismus als noch nicht reif. Marx verband in seiner Philosophie und Wirtschaftstheorie die klassische kommunistische Utopie mit auf Friedrich Wilhelm Hegel (1770-1831) zurückgehenden philosophischen Gedanken, dem >Materialismus von Ludwig Feuerbach (1804-1872) und Schlussfolgerungen aus der damals neu aufkommenden naturwissenschaftlichen >Evolutions-Theorie von Charles Darwin (1809-1882) sowie verschiedener britischer Nationalökonomen und eigener ökonomischer Studien. Marx meinte Gesetzmäßigkeiten der Ökonomie erkannt zu haben, die bewiesen, dass das Kommen des K. eine mit Naturgesetzen vergleichbare gesellschaftliche Gesetzmäßigkeit ist. Seine Ideen beeinflussten die linken und sozialistischen Bewegungen bis heute. Neben der Programmschrift "Kommunistisches Manifest" legte Marx seine Ideen in den Werken "Zur Kritik der politischen Ökonomie" (1859) und "Das Kapital" (1.Band 1867, die übrigen Teile veröffentliche Engels aus seinem Nachlass 1885 und 1894) vor.

Die heutige kommunistische Utopie versteht sich selbst als auf Marx zurückgehende wissenschaftliche philosophische und ökonomische Lehre, die später von anderen Marxisten, vor allem aber von Wladimir Iljitsch Lenin (1870-1924) weiter entwickelt wurde. Der Marxismus-Leninismus unterschied sich von den kommunistischen Lehren seiner Vorgänger vor allem dadurch, dass der Marxismus weniger den Idealzustand des Zieles des Kommunismus ausmalte, als vielmehr den Kommunismus als Folge einer geschichtlichen Gesetzmäßigkeit verstand. Nach Marx ist der K. die höchste Entwicklungsstufe der menschlichen Gesellschaft. Wie Darwin in der Natur, meint Marx in der Gesellschaft eine Entwicklung, die zur jeweils höheren Stufe führen muss, erkannt zu haben.

Am Anfang der Menschheitsentwicklung stand nach Marx eine Urgesellschaft, in der es keinen Privatbesitz gab (Urkommunismus). Durch die Entwicklung der Produktion (Landwirtschaft, primitives Handwerk u.a.) kam es zur Herausbildung von Privateigentum. Dies führte zur Entstehung von reicheren und ärmeren Klassen. Die Durchsetzung dieses Prinzips führte u.a. auch zur Entstehung der Ehe, zum Aufkommen staatlicher Ordnungen usw. Nebenentwicklung war u.a. das Aufkommen der Religion. Bald formierte sich die Sklavenordnung. Durch ökonomische Weiterentwicklung und daraus folgende gesellschaftliche Gesetzmäßigkeiten kam es in dieser und in späteren Ordnungen zur Auseinandersetzung zwischen den Machthabern der etablierten Gesellschaftsordnung und sich neu entwickelnden gesellschaftlichen Klassen. Im Lauf des Kampfes der Klassen und ihrer Gesellschaftsordnungen überwand, nach kommunistischer Lehre, der fortschrittlichere Feudalismus die primitivere Sklavenhalterordnung, und das sich etablierende Bürgertum überwand später den feudalen Ständestaat.

Im Kapitalismus kommt es, durch extreme Konkurrenz und sich zuspitzende Ausbeutung der arbeitenden Klassen, zu einer ökonomischen Verelendung der Menschenmassen. Diese Verelendung führt, nach marxistischer Lehre, zu einer "revolutionären Situation", die in einer Weltrevolution mündet. Diese Revolution führt gesetzmäßig zum Sieg des Sozialismus. Nach einer kurzen Stabilisierungszeit, indem eine Elite der Arbeiterklasse in der Diktatur des Proletariats alle vorsozialistischen Elemente ausschaltet, kommt es zu einer nicht nur materiellen, sondern auch geistigen Veränderung der Menschheit. Es entsteht ein innerlich veränderter Menschentypus, der im Marxismus die Bezeichnung "neuer Mensch" bzw. "Homo Sowjetikus", bekam. Die Menschheit wird dadurch reif für den K., der sich aus dem Sozialismus heraus entwickelt. Arbeit wird im K. vom "neuen Menschen" aus tiefer Überzeugung geleistet. Sie muss nicht mehr durch Lohn vergolten werden. Der K. ist durch die Ausschaltung der Bereicherung weniger und durch den Fortschritt von Wissenschaft und Technik in der Lage, die Menschheit mit allem Notwendigen voll zu versorgen. Dies überwindet das Interesse an privater Sicherheit und Privateigentum. Jeder Mensch kann jetzt nach seinen Bedürfnissen leben. Privateigentum gibt es nicht mehr. Geld, Regierung und Religion sterben ab, da sie nicht mehr gebraucht werden.

3. Politische Realisierung des Kommunismus

Neben den idealistischen freiwilligen Versuchen, kommunistische Verhältnisse in kleinen Gemeinschaften einzuführen, und nach den kurzen gescheiterten Versuchen der Verwirklichung des K. im 6. Jahrhundert in Persien und im 16. Jahrhundert in Münster, fand das erfolgreichste und langfristigste kommunistische Modell im 20. Jahrhundert eine Verwirklichung. In seiner Endphase bezeichneten es seine Vertreter, in Abgrenzung zu anderen linken Modellen, als "real existierender Sozialismus".

3.1. Anfänge und Erfolge

Schon im 19. Jahrhundert kam der K. über die sozialdemokratischen und sozialistischen Parteien zu Einfluss. Viele der neu entstandenen Gewerkschaften wurden ein Kampfinstrument für Sozialismus und K. Allerdings hatten die entstehenden Arbeiterparteien meist einen radikalen und einen mehr pragmatischen Flügel (Letzterer wurde oft von Linken „revisionistisch" genannt). Die Radikalen strebten mehr nach der Weltrevolution, während die Reformorientierten den Sozialismus durch Reformen der gegenwärtigen Ordnung erreichen zu können meinten.

Der erste Weltkrieg brachte die sozialistische Bewegung in eine ernste Krise. Die pragmatischen Teile der sozialdemokratischen Parteien unterstützten ihre jeweiligen Nationen, während die dogmatischen Kommunisten internationalistisch dachten.

Für sie waren die Klassenbande der Menschen stärker als ihre nationale Beheimatung. Am Ende spalteten sich fast alle sozialistischen Parteien. Aus dem dogmatischen radikalen Flügel entwickelten sich die Kommunistischen Parteien, während die pragmatischen Flügel die sozialistischen oder sozialdemokratischen Parteien bildeten.

In Deutschland spaltete sich 1919 unter Führung von Karl Liebknecht (1871-1919) und Rosa Luxemburg (1870-1919) die KPD von der SPD und USPD ab. In Russland trennten sich Lenins kommunistische Bolschewiki von den sozialdemokratisch orientierten Menschewiki. Zur Macht kamen die Kommunisten erstmalig durch den vom kaiserlichen deutschen Auslandsgeheimdienst mitfinanzierten und geförderten Militärputsch Lenins am 7. November 1917 (nach altrussischem Kalender Oktoberrevolution genannt). Mit diesem Putsch stürzte Lenin die im Februar 1917 entstandene bürgerlich-demokratische Regierung. Es schloss sich ein vierjähriger blutiger Bürgerkrieg an, begleitet von gegen die Gegner des K. gezielt eingesetzten furchtbaren Hungersnöten und Terror der neu entstandenen Geheimpolizei (Tscheka, später GPU oder NKWD), dem mehr als fünf Millionen Menschen zum Opfer fielen. Den Revolutionskriegen schloss sich ein 70 Jahre währendes Terrorregime an, das geprägt war von einem mächtigen Geheimdienst, der Verfolgung jeder Regung eigenen Denkens der Menschen, des Kampfes gegen nationale oder idealistisch-humanistische Gedanken und der Unterdrückung und Verfolgung jeglicher Religion. Allein in der Sowjetunion fielen dem Staat gewordenen K. 20 Millionen Menschen zum Opfer

Entgegen der eigenen kommunistischen Lehre setzte sich der K. nicht in den höchstentwickelten kapitalistischen Staaten wie England, Frankreich oder Deutschland durch, sondern nur im vergleichbar rückständigen Russland und der Mongolei. Versuche kommunistischer Machtergreifung nach dem 1. Weltkrieg gab es u.a. im Baltikum, in Finnland, in Deutschland und

Ungarn. Sie scheiterten ebenso wie ein späterer Versuch in Bayern. Durch die politischen Umwälzungen nach dem 2. Weltkrieg kamen Osteuropa und Teile Asiens unter russischen Einfluss, was zur zwangsweisen Einführung des kommunistischen Systems führte. Versuche, durch Revolution den K. in Asien, Afrika oder Südamerika einzuführen, hatten nur teilweisen (Kuba, Äthiopien, Mosambique, Indochina) oder kurzzeitigen Erfolg. Den größten Erfolg hatte die kommunistische Revolution im rückständigen China, wo sich der K. in Gestalt des >Maoismus durchsetzte.

3.2. Niedergang

Niemals konnte sich der K. auf die Mehrheit einer Bevölkerung stützen. Von Anfang an gab es Versuche der Menschen, sich zu befreien. Konnten früher Versuche der Völker, sich durch Aufstände oder Reformen vom K. zu befreien, niedergeschlagen werden (1953 in der DDR, 1956 in Ungarn und Polen, 1968 in der CSSR), so fehlte dem K. seit Mitte der 80er Jahre des 20. Jahrhunderts auch dazu die Kraft. Bereits seit den 70er Jahren kam es zu einem fortschreitenden wirtschaftlichen Niedergang des kommunistischen Weltsystems. Innere Reformen des kommunistischen Systems, wie von Gorbatschow seit Mitte der 80er Jahre des 20. Jahrhunderts angestrebt, führten nicht zu seiner Erneuerung, sondern zur Destabilisierung. Nach einem vergeblichen Versuch konservativer Kommunisten, Gorbatschows Reformen durch einen Putsch in der Sowjetunion aufzuhalten oder rückgängig zu machen, löste sich die Sowjetunion 1990 in 16 Teilstaaten auf. Die Regierungen der kommunistischen Vasallenstaaten in Osteuropa waren zum größten Teil schon vorher zusammengebrochen. Wo sich Kommunistische Parteien erhalten konnten, schwenkten sie auf Reformkurs und ähneln heute sozialdemokratischen Parteien, mit etwas radikalerer Tendenz als diese. Oft nennen sie sich sozialistische Parteien (z.B. in Deutschland PDS). K. herrscht zur Zeit nur noch in sehr abgeschlossen Gebieten, wie Nordkorea, Kuba, Vietnam oder Laos. China vertritt zwar immer noch den K. als Staatslehre, hat aber selber durch die Förderung von Privatwirtschaft seine ökonomische Grundlage unterminiert. Einzig der Terror, der allen kommunistischen Staaten eigen war, setzt sich bislang im Einparteienstaat China fort.

4. Wertung
Der K. ist der unmögliche Versuch, das verlorene Paradies aus menschlicher Kraft auf der Erde neu zu schaffen (>Selbsterlösung). Die Realität des Bösen und die menschliche Schuldverfallenheit nimmt man nicht ernst, sondern führt sie nur auf den äußeren Einfluss des Privateigentums zurück. Der Kampf um die Vernichtung des Privateigentums und gegen alles, was dem K. im Wege steht, kann nur durch schrecklichen Terror durchgesetzt werden. Daher erlebte die Menschheit im System des K. die grauenhafteste Terrorherrschaft der Geschichte. Mindestens 65 Millionen Menschen wurden im 20. Jahrhundert Opfer des kommunistischen Terrors. Sein Absolutheitsanspruch machte ihn zu einer säkularen Religion, die jede andere geistige Regung bekämpfte. Bestimmte Gedanken des K. lassen den Schluss zu, dass es sich hierbei um eine Irrlehre, vergleichbar mit >Sekten handelt. Die Bibel warnt uns davor, solchen Irrlehren nachzufolgen (Mt 24,24).
Lit.: F. Schaeffer, Wie können wir denn leben?, 1977; S. Couretoins, Das Schwarzbuch des Kommunismus, 1998; A. Solschenizyn, Der Archipel Gulag, 1973.
Rainer Wagner

Kritizismus: Als wichtigste Vertreterin dieses Irrglaubens ist die Auslegung der Bibel durch die historisch-kritische Methode zu nennen. Hier stellt sich die menschliche Vernunft über die göttliche Offenbarung. Als Vertreter dieser Denkrichtung können J. J. Semler und E. Troeltsch (Kategorien von Kritik, Analogie, Korrelation) und in neuerer Zeit R. Bultmann und seine Schüler genannt werden. Neben der radikalen Bibelkritik eines Bultmann, der den Sühnetod Jesu Christi, seine Wunder, seine leibliche Auferstehung usw. zu Existentialbegriffen entleerte und damit de facto leugnete (>Entmythologisierung), steht die „gemäßigte" Kritik an der Einheit, Verfasserschaft und Irrtumslosigkeit der biblischen Bücher, die aber vom Ansatz und den Konsequenzen her genauso gefährlich ist, da sie das Vertrauen zum Wort Gottes untergräbt und der radikalen Kritik den Weg ebnet.

Kritik: Die Bibel, die Heilige Schrift, wurde zwar durch menschliche Autoren vermittelt, aber sie ist und bleibt ganz und gar göttlichen Ursprungs. Die Heilige Schrift ist von Gott eingegeben. Menschen haben sie unter Eingebung seines Geistes geschrieben. Die Bibel ist also Gottes Wort, das uns in Schriftgestalt und in der Heilsgeschichte überliefert worden ist. Wichtige Stellen sind 2.Tim. 3,16 (theo-pneustos: das „geistgehauchte Wort") und 2. Petr 1,20 f.: Menschen, vom Geist Gottes getrieben, haben Gottes Wort niedergeschrieben und überliefert.
Wie beim >Rationalismus ausgeführt, ist die menschliche Vernunft ein falscher Maßstab, denn durch sie wird das Übernatürliche, Unbegreifliche, von Gott Kommende geleugnet. Die Vernunft kann höchstens die Magd der Offenbarung sein, darf aber nicht über Letztere gestellt werden. Wenn das dennoch geschieht, wird sie, wie Luther sagt, zur „Hure". Sie vereinnahmt alles und verfälscht es. Gerade, wenn die Vernunft ohne den Heiligen Geist argumentiert, urteilt sie unerleuchtet und

kommt zu falschen Schlüssen. Sicherlich können wir die Vernunft einsetzen; wichtig ist aber, dass dies in Abhängigkeit von Gott und in Demut geschieht.

Siehe ausführlicher: >Bibel; >Bibelkritik; >Entmythologisierung.

Lothar Gassmann

Liberalismus

1. Definition: L. (lat. liber "frei") meint die freie Entfaltung des einzelnen Individuums und lehnt damit die Einschränkung wenn auch nicht grundsätzlich, so doch so weit als möglich ab. Im Zentrum seiner Ideen steht das Individuum, dem der Vorzug vor dem Kollektiv gegeben wird. L. zeichnet sich durch Fortschrittsgewissheit, Harmonieglaube, optimistische Weltsicht aus und will >Toleranz. Der religiöse L. lehnt dogmatische Bindungen so weit als möglich ab und strebt ein im Grunde dogmenfreies Christentum an. Beim Wirtschaftsliberalismus überlässt der Staat Produktion und Preisbildung den einzelnen Wirtschaftpartnern. Als eine Folge oder Erscheinung kann der >Kapitalismus betrachtet werden.

2. Wurzeln: Der Begriff L. wird hergeleitet von dem spanischen Parteinamen "lor liberales", was die Anhänger der spanischen Verfassung von 1812 bezeichnete. Der L. lässt sich auf die >Aufklärung und den dieser längst vorangehenden >Humanismus zurückführen. Beide Epochen oder Bewegungen trauten dem einzelnen Individuum hohe rationale Fähigkeiten zu und strebten die Selbstbestimmung des eigenen Lebens an (>Rationalismus). Die gedanklichen Wurzeln des L. liegen in der Naturrechts- und Aufklärungsphilosophie, besonders Englands (Hume, Locke) und Frankreichs, aber auch im deutschen >Idealismus Kants (1724-1804) und Hegels (1770-1831) und in bürgerlichen Wirtschafts- und Sozialtheorien. Um die individuelle Freiheit entfalten zu können, wendet sich der L. gegen eine absolute Staatsmacht sowie gegen kirchliche Bevormundung und will von - seiner Meinung nach - veralteter Denkweise und Glauben befreien.

3. Entwicklung: Der L. ist eine der großen politisch-wirtschaftlichen Strömungen der letzten drei Jahrhunderte und hat seinen Schwerpunkt, übrigens auch als theologischer L., im 19. Jahrhundert. Der L. gilt als eine der drei großen Strömungen neben dem Konservatismus (als Reaktion auf die Französische Revolution) und dem Sozialismus (im Zusammenhang mit der Industrialisierung). Geschwächt wurde der L. im 20. Jahrhundert durch den >Nationalsozialismus, lebte aber nach dem Zweiten Weltkrieg wieder auf, wenn auch mehr im Sinne liberaler Verfassungs- und Wirtschaftsordnungen, wohingegen liberale Parteien (wie die deutsche FDP) nur Minderheitenpositionen erreichten.

4. Der Staat im L.: Der L. sieht vor, die Funktion des Staates auf den Schutz von Personen und Eigentum einzuschränken. Staatsfeindlichkeit ist den meisten liberalen Staatstheorien trotzdem nicht vorzuwerfen, auch wenn dieser Vorwurf von konservativer und sozialistischer Seite schon erhoben wurde, denn die meisten liberalen Staatstheorien weisen dem Staat als Aufgabe die Sicherung des Gemeinwohls zu. Der L. ist für den Staat aber insofern wichtig, als er im 19. Jahrhundert in Deutschland und weiten Teilen Europas die Herausbildung des Rechts- und Verfassungsstaates und des Parlamentarismus bewirkte und ebenso den Gedanken des Selbstbestimmungsrechtes der Völker aufkommen ließ.

5. Die soziale Frage im L.: Im 19. Jahrhundert sehen liberale Theorien die Lösung der sozialen Frage in der Selbsthilfe. Diese Vorstellung blieb jedoch eine Minderheitenposition in der damaligen Zeit und war deshalb zu schwach, um etwas zu bewirken, so dass dadurch das Auseinanderklaffen von Arbeiterschicht und Bürgertum und die Ausbreitung des Sozialismus nicht aufgehalten werden konnten.

6. Das Verhältnis des L. zu Religion und Kirche: Von Anfang an hat der L. gegenüber Religion und Kirche ein distanziertes Verhältnis. Seine Forderung nach Religionsfreiheit und religiöser Toleranz ist hauptsächlich pragmatisch bestimmt. Mit der römisch-katholischen Kirche entstehen des Öfteren Konflikte, da die römisch-katholische Kirche einen umfassenden Anspruch erhebt, was liberalem Denken, das den Individualismus vertritt, entgegensteht, während es mit einem Teil des Protestantismus eher Berührungspunkte gibt (Individualität der Gottesbeziehung). Da seit der Mitte des 20. Jahrhunderts die Trennung von Staat und Kirche zwar keine gänzliche, jedoch eine fortgeschrittene und weiter fortschreitende ist, hat der Laizismus des L. nicht mehr diesen Stellenwert, ohne jedoch verschwunden zu sein (aus der FDP kommt von Zeit zu Zeit die Forderung, die Kirchensteuer abzuschaffen).

7. Beurteilung des L.: Dem L. kommt das Verdienst zu, wesentlich für die Demokratie gewirkt zu haben. Ohne ihn dürfte diese kaum denkbar sein. Seine Vorstellungen lassen sich eigentlich nur in einer demokratischen Regierungsform umsetzen. Die persönliche Freiheit wird liberalen Vorstellungen zufolge durch die Freiheit des anderen begrenzt. Diese >Freiheit des liberalen Verständnisses, die rein immanent und am einzelnen Individuum orientiert ist, entspricht nicht der Freiheit, wie sie das Neue Testament kennt. Diese hat niemand aus sich selbst; zu dieser "hat uns Christus befreit" (Gal 5,1) und diese ist da, "wo der Geist des Herrn ist" (2. Kor 3,17). Die durch Christus und seinen Geist geschenkte Freiheit ist nicht mit sich selbst zufrieden und rein selbst bezogen. Sie findet nicht ihre Grenze an der Freiheit des andern und überlässt damit nicht den andern sich selbst. Sie ist nicht gleichgültig gegenüber dem Nächsten. Sie gelangt vielmehr durch die >Liebe zu Gott und zum Nächsten zur Entfaltung und zu ihrer Bestimmung.

S. auch: >Liberale Theologie; >Aufklärung; >Rationalismus; >Selbstverwirklichung.

Lit.: Art. Liberalismus in: Evangelisches Kirchenlexikon (EKL), 3. Aufl., Bd. 3, Sp. 98-100 v. T. Schiller; Evangelisches Lexikon für Theologie und Gemeinde (ELThG), Bd. 2, S. 1240 v. J. Douma; Evangelisches Soziallexikon (ESL), 7. Aufl., Sp. 825-829, v. K. Holl; Evangelisches Staatslexikon (EStL), 2. Aufl., Sp. 1476-1487: I. Der Liberalismus als politische und wirtschaftstheoretische Strömung, II. Rechtliche Wirkung und Würdigung des Liberalismus, v. T. V. Heuß u. I. v. Münch; Die Religion in Geschichte und Gegenwart (RGG), 3. Aufl., Bd. 4, Sp. 344-349: Soziologisch und wirtschaftssoziologisch, v. L. v. Wiese. Walter Rominger

Materialismus

Nach dieser Lehre ist nur die Materie wirklich. Der Mensch ist nur eine Ansammlung von Atomen, er besteht nur aus Materie und zerfalle zu dieser. Er hat keinen Geist, kein ewiges Leben. Führende materialistische Denker im Altertum waren Leukipp und Demokrit, in der Aufklärungszeit Diderot und Lamettrie mit dem Buch „L'homme machine" („Der Maschinenmensch"). Denken sei nichts weiter als eine natürliche Funktion des Gehirns ohne Geist. Alles Denken sei nur biologisch und innerweltlich zu verstehen. Feuerbach, Darwin, Marx und Nietzsche haben materialistisch gedacht, auch der >Neomarxismus und der >Behaviorismus.

Kritik: Nach den Forschungsergebnissen des Nobelpreisträgers John Eccles, welcher darauf hingewiesen hat, dass das Gehirn vom Geist gelenkt wird, ist das Gehirn nicht nur eine biologische Zusammenballung von „grauen Zellen", sondern es muss ein Geist da sein, der über diese grauen Zellen hinaus existiert. So ist ein tatsächlich unsterblicher Geist im Menschen. Geistige Leistungen und Werte der Menschheit können nicht durch das Materielle erklärt werden, sonst würde der Weg der Menschheit nur im „Fressen und Gefressenwerden" bestehen.

Reiner >Hedonismus (Handeln nach dem Lustprinzip) hätte
dann wiederum Depression und Verzweiflung über die Sinnlo-
sigkeit des Daseins zur Folge. Aber es gibt geistige Leistungen
und Werte und Ziele in großer Zahl. Das biblische Menschenverständnis richtet sich gegen den M. In biblischer Sicht ist der
Mensch Geschöpf Gottes, eine „lebende Seele", wie es in 1.
Mose 1, 27-28 heißt. Dort steht, dass der Mensch geschaffen ist
aus Erde (hebr. adama) und aus Lebensatem (hebr. ruach oder
neschama), also aus Materie und Geist. Der Mensch existiert in
der Beziehung zum Schöpfer, welcher ursprünglich die Ewigkeit in ihn hineingelegt hat.

Eine Auswirkung des M. ist die *Materialistische Exegese:* Vor
allem in der sozialistischen und kommunistischen Weltanschauung wurde diese von verschiedenen Autoren entwickelt.
Dabei setzt sich die sozialistische Ideologie über die Schrift,
die Stellen werden selektiert, d.h. nur noch wahlweise nach den
Rastern von Klassenkampf, Ausbeutung von Arm durch Reich
etc. herausgegriffen. Es kommt zu einer „Eisegese", d.h. zu
einer Hineinlegung von marxistischer Philosophie in die Bibel.
Clevenot ist einer dieser sozialistischen „Eisegeten".

Kritik: In der Bibel werden nicht die materiell Armen, sondern
die Armen im Geist (die, welche ihre Abhängigkeit von Gott
bekennen) selig gepriesen (Mt 5,3). Ob jemand arm oder reich
ist, entscheidet nicht automatisch darüber, ob ein Mensch gerettet wird oder nicht. Entscheidend ist, woran ich mein Herz
hänge und ob ich dem Herrn gehöre. Der materiell Arme ist
also nicht automatisch selig und der materiell Reiche nicht automatisch verdammt, er kann seinen Reichtum zum Beispiel
auch für das Reich Gottes einsetzen und mit dem anderen teilen. Die Bibel lehrt außerdem die Feindesliebe und die Veränderung des Menschen von innen her und nicht durch Klassen-
kämpfe. Die Veränderung des Herzens führt zur Veränderung
der Gesellschaft.   Lothar Gassmann

Modernismus

1. Modernismus als Ausdruck und Phänomen im Wandel der Zeit

Der Ausdruck modern (von lat. modo = jetzt, eben erst) bedeutet neu, neuzeitlich. Das Wort modern war im Laufe der Zeit Bedeutungs- und Beurteilungswandlungen unterworfen. Auch in Theologie und Kirche hatte es nicht immer dieselbe Bedeutung und widerfuhr ihm nicht immer dieselbe Beurteilung; Befürwortung und Ablehnung sind stark von der Position dessen, der beurteilt, abhängig. Christliche Schriftsteller am Übergang von der Antike zur christlichen Kultur verstehen sich als gegenüber der Antike für fortschrittlich. Modern ist damit von den frühen christlichen Schriftstellern positiv beurteilt im Sinne von: Vorherigem überlegen. Im Spätmittelalter grenzt sich die via moderna von der herkömmlichen scholastischen Theologie ab, die dann als via antiqua gilt. Die via moderna will Erkenntnis aus der Erfahrung gewinnen und entwickelt dadurch eine Erlebnisfrömmigkeit (>Mystik), eine devotio moderna. Die >Aufklärung im 18. Jhd. gilt als gegenüber Früherem modern. Ein Überlegenheitsgefühl und ein Fortschrittsoptimismus breiten sich aus. Seit Ende des 19. Jhd.s ist der Begriff „modern" ausgedehnt und findet auch Anwendung auf Kunst, Literatur, Architektur und ganz allgemein auf Wissenschaft.

Der seit der Aufklärung lange Zeit herrschende Fortschrittsoptimismus ist inzwischen durch mancherlei Krisen gedämpft, so dass auch der Begriff „modern" nicht mehr diesen positiven Klang hat, sondern teilweise bereits negativ besetzt ist, jedenfalls auch mit Krisen in Verbindung gebracht wird. Der inzwischen geläufige Ausdruck "postmodern" deutet an, dass die als modern eingestufte Zeitepoche als zu Ende gegangen angesehen wird, so dass die Moderne von der >Postmoderne abgelöst scheint, in welcher, freilich mit bedingt durch die Moderne, alles im Fluss und im Wechsel ist und die Postmoderne sich so charakterisieren ließe: "Der Wandel ist das Beständige" oder mit Paul Feyerabend: "Anything goes". Zeichen des Übergangs der Moderne in eine Zeit danach (Postmoderne) sind die Versuche holistischer Entwürfe, die die vorangehende kognitive Orientierung der Moderne durch eine ganzheitliche ersetzen wollen (">New Age"), ebenso ein weltweiter >Fundamentalismus in ganz unterschiedlichen Religionen und Kulturen, der Antwort auf die mit durch die Moderne verursachte Orientierungslosigkeit verspricht und damit der Sehnsucht nach einfacher Orientierung und Handlungsmustern entgegenkommt.

2. Modernismus im Katholizismus

In gängiger theologischer Fachliteratur wird M. zur Bezeichnung einer Kontroverse im Katholizismus gebraucht (z. B. Fachwörterbuch Theologie, S. 111; EKL, 3. Aufl., Bd. 3, Sp. 508-513; RGG, 3. Aufl., Bd. 5, Sp. 896-903, Art. Reformkatholizismus, Modernismus als Erscheinung des Reformkatholizismus). Kurz benannt wird unter M. in seiner Einschränkung auf eine bestimmte Erscheinung in der römisch-katholischen Kirche eine liberale, wissenschaftliche Reformbewegung Ende 19. / Anfang 20. Jhd., verstanden, der es darum ging, die (römisch-katholischen) Kirchendogmen mit der modernen Wissenschaft in Einklang zu bringen. M. stellt demnach einen Vermittlungsversuch zwischen römisch-katholischer Kirchenlehre und vor allem der Naturwissenschaft jener Zeit dar. Den sog. Modernisten lag daran, die römisch-katholische Kirche für die Aufklärung und neue wissenschaftliche Forschung zu öffnen, historisch-kritische Bibelforschung einzuführen (>Bibelkritik), die theologische Ausbildung zu verbessern und den Gegensatz zwischen Kirche und Welt abzubauen. Einflussreich waren französische Theologen, die die Bibelkritik vertraten, und Philosophen. Maurice Blondel (1861-1949) vertrat einen "Immanentismus", wonach religiöse Wahrheit subjektivem Empfinden entspringt; Alfred Loisy (1857-1930) unterschied Ergebnisse historischer Auslegung vom Dogma der Kirche. A.

Loisys Hauptwerke wurden vom Heiligen Offizium verurteilt; er selbst trennte sich nach anfänglicher Unterwerfung von der Kirche und wurde 1908 exkommuniziert. Zudem wurde der Sillonismus (franz. le sillon, "die Furche") verurteilt, welches eine Laienbewegung war, die Demokratie und Bildung in der Kirche und die Annäherung von Kirche und Republik anstrebte. Neben Frankreich gab es auch in anderen europäischen Ländern (in Deutschland durch den Modernisten Hermann Schall, 1850-1906, Religionswissenschaftler in Würzburg) und in den Vereinigten Staaten von Amerika römisch-katholische Reformbewegungen. Da eine Reduktion der Offenbarung auf die Vernunft befürchtet wurde, verurteilte Pius IX. 1864 achtzig "Irrtümer" in Religion, Wissenschaft, Politik und Wirtschaft (im Syllabus-Verzeichnis). Gleichzeitig wurde die hierarchische Ordnung der römisch-katholischen Kirche gefestigt, was sich daran zeigt, dass das 1. Vatikanische Konzil (1869-1870) das Unfehlbarkeitsdogma und die unmittelbare Jurisdiktionsgewalt des Papstes beschloss. 1879 erklärte Papst Leo XIII. den Neuthomismus zur Normaltheologie. Pius X. verdammte 1907 den M. und von 1910 bis 1967 wurde der Antimodernisteneid Pflicht für alle römisch-katholischen Geistlichen. Doch trotz Verdammung und Antimodernisteneid wurde der M. nicht überwunden. Im Wesentlichen konnte sich der Reformkatholizismus durchsetzen. Durch diese ablehnende Haltung hatte sich die römisch-katholische Kirche in einen Gegensatz zur Moderne gebracht. Das 2. Vatikanische Konzil (1962-1965) nahm wesentliche Forderungen der Modernisten auf, so dass diesen fast allen eine späte Rechtfertigung zuteil wurde. Aber es gibt Bestrebungen, die gegen Einflüsse des Reformkatholizismus gerichtet sind, z. B. die Traditionalisten (Anhänger des inzwischen verstorbenen französischen Erzbischofs Marcel Lefèbvre, für die das 2. Vatikanische Konzil der große Abfall der römisch-katholischen Kirche war, weil sie sich damit modernistischen Einflüssen geöffnet habe; >Traditionalismus).

3. Modernismus im Protestantismus

Fragen wir nach dem Verhältnis des Protestantismus zum M., so hat dieser eine weitaus positivere Einstellung dazu. In seiner liberalen Ausrichtung befand sich der Protestantismus in Übereinstimmung mit dem jeweiligen Wissenschafts- und Kulturverständnis, weshalb die Epoche des wesentlichen Stromes des Protestantismus um 1900 auch als Kulturprotestantismus bezeichnet wird. Historisch-kritische Bibelforschung war selbstverständlich geworden. Der Optimismus des protestantischen Modernismus zerbrach in den Schrecken des 1. Weltkrieges. Lutherrenaissance (Karl Holl, 1866-1926) und >Dialektische Theologie (Karl Barth, 1886-1968) bedeuteten eine theologische Neubesinnung. Die Dialektische Theologie ging zwar auf kritische Distanz zum modernen Denken, wiewohl sie stark mit ihren Denkvoraussetzungen im 19. Jhd. verwurzelt war (K. Barth und R. Bultmanns Lehrer Wilhelm Herrmann, 1846-1922, war einer der führenden Altliberalen). Besonders zu den Naturwissenschaften verlor die Dialektische Theologie den Kontakt. R. Bultmann, ursprünglich der Dialektischen Theologie zuzurechnen, unternahm den misslungenen "apologetischen" Versuch, Theologie und Glaube aus Anfragen der modernen Naturwissenschaften und des modernen menschlichen Selbstverständnisses herauszuhalten, und musste schon allein deshalb scheitern, weil er sich weder über die damaligen Modelle der Naturwissenschaften noch über das Selbstverständnis des damaligen Menschen informiert zeigte (vgl. seinen Aufsatz [ursprünglich Vortrag vor Pfarrern der Bekennenden Kirche]: Neues Testament und Mythologie, 1941, abgedruckt in: Kerygma und Mythos, Bd. 1, hg. v. H. W. Bartsch, Hamburg 1948, ²1951) (s. >Entmythologisierung).

Anders als in der Dialektischen Theologie und bei R. Bultmann gibt es inzwischen wieder den Versuch, die Fragen und Anliegen moderner Natur- und Humanwissenschaften sowie der säkularisierten Menschen in das theologische Denken aufzunehmen (z. B. bei W. Pannenberg, Systematische Theologie, Bd. 1-3, u. ö.; in früherer Zeit hatten K. Heim, 1874-1958 und dessen Schüler A. Köberle, 1898-1990, dieses Anliegen aufgenommen), wobei freilich die Gefahr besteht, im Grunde beim theologischen Liberalismus anzukommen, weshalb sich denn auch der gegenwärtige theologische Neoliberalismus und der Altliberalismus sehr ähnlich sind (z. B. Trutz Rendtorff, aber auch W. Pannenberg und die herrschende "Kirchentheologie" sind nicht frei davon), so dass der theologische Liberalismus nie überwunden wurde.

Als erfolgreiche kritische Reaktion auf den (theologischen) Modernismus ist der am Ende des 19. Jhd.s in den Vereinigten Staaten in protestantischen Denominationen entstandene >Fundamentalismus zu werten, der sich inzwischen als christlicher Fundamentalismus weltweit ausgebreitet hat (vgl. in Deutschland z. B. Bibelbund und Studiengemeinschaft "Wort und Wissen; in der Schweiz z. B. Staatsunabhängige Theologische Hochschule Basel, STH, und ihr Organ "Fundamentum", sowie die ebenfalls in der Schweiz erscheinende Zeitschrift "Factum".)

4. Modernismus als überzeitliches Phänomen und seine Beurteilung

M. verstanden als Zeitgeschmack, ist bei weitem kein rein kirchlich-theologisches Phänomen, sondern umfasst alle Lebensbereiche. Er betrifft den Einzelnen sowie Gemeinwesen und Politik. Seine Beurteilung hängt vom jeweiligen Standpunkt ab. Wer Zeitgeist und Zeitgeschmack vertritt, stuft M. als positiv ein; wer sich Zeitgeist und Zeitgeschmack gegenüber kritisch stellt, dessen Einstellung zum M. wird eine andere

sein. Schriftorientierte Theologen und Christen können M. in Theologie und Kirche nicht positiv würdigen. Die Bedeutung von „modern" ist eine andere geworden als z. Zt. der frühen christlichen Schriftsteller, die demzufolge diesen Begriff positiv aufnehmen konnten. Im Kern handelt es sich bei der Auseinandersetzung mit dem M. in Theologie und Kirche um die Verhältnisbestimmung von >Glaube und Vernunft und von >Offenbarung und Vernunft. Dabei ist die menschliche Vernunft nicht gering zu achten. Aber gemäß der Unterscheidung in das Reich zur Linken und zur Rechten Gottes, einer weiteren Unterscheidung von Gesetz und Evangelium, gehört die Vernunft auf die linke Seite. Zum Heil handelt Gott im Reich zur Rechten. Durch die Vermittlung seiner Offenbarung wirkt Gott den Glauben. Theologie und Kirche bedienen sich durchaus der Vernunft, ordnen diese aber der Offenbarung Gottes und dem Glauben unter. Der theologische M. hat die Verhältnisse gerade umgedreht und Offenbarung und Glaube der Vernunft unterworfen, dabei aber gerade des Öfteren unvernünftige Ergebnisse hervorgebracht. Der allgemeine M. hat sich von einer transzendenten Bindung im Namen der Vernunft (z. B. in der Französischen Revolution) befreit und ist dabei oft genug unvernünftig geworden. Die Erkenntnis, der M. habe in die Sackgasse geführt und rein immanente Ausrichtung sei ein Irrweg, hat nicht in der wünschenswerten Breite die weitere Erkenntnis gebracht, auf die transzendente Bindung an den dreieinigen Gott komme es an. So bleibt auch die postmoderne Ära (zu der auch das >New Age zu rechnen ist) in weiten Teilen eine Zeit ohne Christus und damit wie der M. zumindest in einzelnen Phasen, verstärkt an seinem Ende, eine "nachchristliche Zeit".
S. auch: >Liberalismus; >Liberale Theologie; >Aufklärung; >Postmodernismus; >Katholisches Kirchenverständnis; >Freimaurerei; >Glaube und Vernunft; >Offenbarung; u.a.
Lit.: R. Aubert, Die modernistische Krise, in: H. Jedin (Hg.), Handbuch der Kirchengeschichte [röm.-kath.], Bd. VI / 2, Die

Kirche zwischen Anpassung und Widerstand (1879-1914),
1973 / 1985; H. Thielicke, Glaube und Denken in der Neuzeit,
1983, ²1988
Walter Rominger

Mystizismus kommt vom griechischen „myein" = „die
Augen schließen und verstummen". Der Mystiker ist ein
Mensch, der sich nach innen kehrt, sich versenkt und sich mit
dem göttlichen Selbst oder Überich vereinigen möchte. Unmit-
telbares Einswerden mit der göttlich-geistigen Überwelt soll
angestrebt werden. Vor allem in den fernöstlichen Religionen
wird dieses Einswerden mit dem Urgrund, dem Seinsgrund,
dem Unendlichen, dem Brahman, dem Nichts, dem Tao versucht, allerdings unter Umgehung des Glaubens an Jesus Christus. Dieser spielt bei diesem mystischen Weg zur Vereinigung
mit dem Göttlichen keine oder nur eine untergeordnete Rolle.
Solche Gedanken finden wir außer in den fernöstlichen Religionen und Systemen z.B. in der Gnosis, bei Meister Eckehart
und bei Jakob Böhme.
Kritik: Gott ist Person, deshalb ist ein personaler Zugang durch
den Glauben an den gekreuzigten Gottessohn notwendig (vgl.
Joh. 14,6). Unmittelbarer Kontakt zu einer unpersönlichen göttlichen Kraft führt in die dämonische Welt. Außerdem besteht
ein bleibender Graben und Unterschied zwischen Gott und
Mensch. Gott gleich zu werden, verspricht dem Menschen nur
die Schlange (1. Mose 3). S. ausführlicher: >Mystik (in: Kleines Sekten-Handbuch).
Lothar Gassmann

Nationalsozialismus

Unter dem Nationalsozialismus (NS.) versteht man die nach dem Ersten Weltkrieg entstandene deutsche Variante des weltweit auftretenden >Faschismus. Wenn der NS. von seiner Philosophie her auch faschistisch ist, wäre es aber eine Verharmlosung des NS., ihn, wie es viele linke Politologen tun, mit dem Faschismus gleich zu setzen. Trotz antisemitischer Geisteshaltung war doch das Leben für Juden im faschistischen Italien freier und sicherer als im Einflussbereich des NS.

1. Geschichte

- Der NS. trat in den 1920er Jahren des 20. Jahrhunderts als eine Spielart des italienischen Faschismus in Erscheinung.
Der österreichische Staatsbürger Adolf Hitler (1889-1945) trat 1919 der Deutschen Arbeiterpartei (DAP), einer rechten Splitterpartei in München, bei. Hitler war, obwohl eigentlich als Österreicher Ausländer, im 1. Weltkrieg Freiwilliger einer Bayrischen Wehrmachtseinheit. Am 16. Oktober 1919 hält er dort seine erste Rede bei der DAP. 1921 arbeitet er mit am neuen Parteiprogramm der zur Nationalsozialistischen Deutschen Arbeiterpartei (NSDAP) umbenannten DAP. Er wird zum wichtigsten Agitator der Partei. Zeitweise hält er täglich mehr als zehn Reden. Unter seiner Führung bekommt sie wachsenden Zulauf. Am 19. November 1923 verübt Hitler gemeinsam mit General Erich Ludendorff einen gescheiterten Putschversuch in München. Hitler wird mit fünf Jahren Festungshaft bestraft, von der er aber nur ein knappes Jahr verbüßt. Durch den Putsch und sein Auftreten beim Prozess überflügelt Hitler den alten General Ludendorff bald als Gallionsfigur der deutschen Rechtsextremen. Während der Zeit seiner Haft verfasst er gemeinsam mit seinem Sekretär und Stellvertreter Rudolf Hess sein Buch „Mein Kampf". Zwischen 1930 und 1932 wird seine Partei zur stärksten Kraft in Deutschland. Nach Jahren des Kampfes gegen die Weimarer Republik wird er 1933 Reichs-

kanzler. Finanzhilfen für den Wahlkampf durch Teile der Industrie und die Unterschätzung seines Durchsetzungswillens durch deutschnationale und konservative Politiker halfen Ihm dazu. Gleichzeitig waren es aber die Versprechen von Arbeit und Wohlstand für die Masse der unter der Weltwirtschaftskrise leidenden Bevölkerung, die ihn 1933 zu einem Wahlerfolg von 48 % führte.

Nach der Machtergreifung gelingt es der NSDAP, die hohe Arbeitslosigkeit in Deutschland zu dämpfen und nach dem Ersten Weltkrieg verlorene Gebiete (Saarland, Rheinland) wieder voll ins Deutsche Reich zu integrieren. Über soziale Programme gelingt es den Nationalsozialisten, auch ursprünglich skeptische Deutsche einzubinden. Die verbleibende Opposition wird durch brutalsten Terror unterdrückt. Außenpolische Erfolge waren die Angliederung Österreichs und des Sudetenlandes. 1939 bricht der 2. Weltkrieg aus. Nach anfänglichen Siegen geht es ab 1943 rückwärts und endet mit der bedingungslosen Kapitulation Deutschlands am 8. Mai 1945. Hitler nimmt sich am 30. April 1945 das Leben.

Ab 1946 finden die Nürnberger Kriegsverbrecherprozesse statt, in denen ein Großteil der NS-Führung verurteilt wird. Erst jetzt wird das Ausmaß der Verbrechen (KZs, Euthanasie, Kriegsverbrechen usw.) voll sichtbar. Das größte Verbrechen der Nationalsozialisten war die versuchte Ausrottung des jüdischen Volkes. Ihr fielen etwa 6 Millionen Juden aus ganz Europa zum Opfer. Vergleichbares gab es in keinem faschistischen Land der Welt. Waren die Juden schon seit der Machtergreifung der NSDAP vielen Diskriminierungen ausgesetzt, so begann die systematische Verfolgung mit der so genannten „Reichskristallnacht" 1938. Massenerschießungen in den von der Wehrmacht besetzten Gebieten leiteten die Ausrottung ein. In speziellen Vernichtungslagern wurde die Ermordung der Juden fabrikmäßig betrieben. Sie ging direkt auf Hitlers Befehl zurück. Das gesamte nationalsozialistische System von Partei, SS und Behörden war direkt oder indirekt darin verwickelt.

2. Philosophie

Der NS. orientierte sich in seinen Anfängen stark am italienischen Faschismus. Gleichzeitig nahm er eine antisemitische Stimmung, die in Deutschland eine lange Tradition hatte, in sich auf. Der NS. orientierte sich an einer Verherrlichung des Germanentums, bis hin zur Übernahme keltischer und germanischer Rituale. Eine durch den Darwinismus neu aufgekommene Rassenlehre gab einen pseudowissenschaftlichen Überbau her. Philosophen wie Friedrich Nietzsche oder die Gedanken Richard Wagners prägten das Denken. In der Kunst herrschte eine Ästhetisierung des Realistischen bei gleichzeitiger Gigantomanie. Bildhauer wie Arno Breker, Architekten wie Albert Speer oder Filmemacher wie Leni Riefenstahl prägten die Kunst.

Dass der NS. so viel brutaler und extremer als der übrige Faschismus war, liegt möglicherweise an seinen Führern. Sie waren weiter von christlichen Einflüssen entfernt als faschistische Führer in anderen Ländern. Die Rückwendung zum germanischen Heidentum brachte eine Dämonisierung ihrer Ideen mit sich. Ein Hinweis darauf ist Hitlers krankhafter Größenwahn und sein abgrundtiefer Hass gegen die Juden.

Theoretische Werke des NS. waren vor allem: Adolf Hitlers „Mein Kampf", das er 1924 während einer Festungshaft verfasste, die er auf Grund eines missglückten Staatsstreiches in Landsberg am Lech verbüßen musste. Mitautor war Rudolf Hess (1894-1987). Alfred Rosenberg (1893-1946), der Leiter des „Völkischen Beobachters" und Chefideologe der NSDAP, schrieb 1930 „Mythos des 20. Jahrhunderts". Diese Schrift hatte eine besonders antichristliche Ausrichtung. Eine wichtige Rolle spielte in Deutschland das primitiv ausgerichtete antisemitische Hetzblatt „Der Stürmer" von Julius Schleicher (1946 hingerichtet). Außerdem wurde die NS-Ideologie besonders durch Reichspropaganda-Minister Joseph Goebbels (1897-1945) über Presse, Rundfunk und Großveranstaltungen vermittelt.

3. Wertung des Nationalsozialismus aus christlicher Sicht
Der NS. zeigt etwas von der abrundtiefen Boshaftigkeit des menschlichen Herzens. Viele Deutsche, deren Nation durch 1000 Jahre christliche Prägung und den Einfluss biblischer Gebote eine Mäßigung der heidnischen Brutalität erfahren hatte, entpuppte sich als Handlanger des Bösen. Es scheint so, als hätten Hitler, Himmler und Goebbels unter besonders satanischem Einfluss gestanden. Aber auch die Hunderttausende, die direkt und indirekt in die NS-Verbrechen verwickelt waren, zeigen, wie wenig humanistische Kultur und christliche Tradition allein das Wesen des Menschen verändern. Die Erfahrungen des NS. müssten auch Nichtchristen von der Absurdität des Gedankens der >Aufklärung, dass der Mensch von Natur aus gut sei, gelöst haben.
Christen können in Hitler und seiner Bewegung nur Vorläufer des letzten Antichristen sehen. So wie der NS. ein schlimmes Ende nahm, so werden auch der endzeitliche >Antichrist und seine Anhänger ein schlimmes Ende nehmen (vgl. Offb 20,19-21).
Lit.: J. Fest, Hitler. Eine Biographie, 1973; F. Schaeffer, Wie können wir denn leben?, 1977.
Rainer Wagner

Neomarxismus ist eine neue Form des Marxismus (>Kommunismus), der sehr stark soziologische und psychologische Theorien (insbesondere die >Psychoanalyse von Sigmund Freud) mit einbezieht. Der N. wurde insbesondere entwickelt von den Sozialphilosophen der Frankfurter Schule (Max

Horkheimer, Theodor W. Adorno, Herbert Marcuse und Jürgen >Habermas) und seit den Jahren der 68-Studentenrevolution in vielen Staaten gesellschaftlich umgesetzt (im von Rudi Dutschke ausgerufenen „langen Marsch durch die Institutionen" bis hinauf zu Spitzenämtern in Politik, Wirtschaft, Rechtsprechung, Massenmedien und Kirchen). Man bezeichnet seine Vertreter auch als „Neue Linke".

Karl Marx ("Kommunistisches Manifest") und der Marxismus lehrten: Durch Ausbeutung der Arbeiter, durch Akkumulation und Zentralisation des Kapitals wird die kleine, besitzende Klasse der Kapitalisten immer reicher, während die Masse der Arbeiter, das Proletariat, verelendet und seiner Arbeit entfremdet wird. Die innere Dialektik zwischen Arbeit und Besitzbildung treibt zu Klassenkampf und Revolution (Dialektischer Materialismus). Subjekt der Revolution ist die Arbeiterschaft. Sie wird zum Totengräber des Besitzbürgertums und Begründer einer freien, klassenlosen Gesellschaft, in der der Kampf ums Dasein beendet ist.

Diese Voraussetzungen einer Revolution treffen jedoch heute nicht mehr zu und haben laut *Jürgen >Habermas* ("Theorie und Praxis" u. a.) schon zur Zeit von Marx nicht zugetroffen. Nach Habermas ist Marx' materialistische Geschichtsphilosophie wegen ihrer ontologischen und metaphysischen Voraussetzungen noch zu stark von der Hegelschen Philosophie abhängig. Habermas fordert eine rein empirisch-materialistische Geschichtstheorie mit der Übersetzung der ontologischen Voraussetzungen in Gesellschaftskritik. Die Arbeiter als entfremdetste und „verkrüppeltste" Wesen der kapitalistischen Gesellschaft sind als revolutionäre Subjekte denkbar ungeeignet. An ihre Stelle tritt der revolutionsvorbereitende Dialog miteinander kommunizierender Wissenschaftler. Im Zeitalter des Spätkapitalismus lassen sich Staat und Gesellschaft nicht mehr voneinander trennen, sondern beide bedingen sich gegenseitig. Durch Herausbildung eines breiten Mittelstandes und Integrati-

on aller Schichten in die Gesellschaft fallen polare Klassenge-
gensätze fort. So wird der Begriff "Klasse" für revolutionäre
Zwecke unbrauchbar. Auch die Leninsche Imperialismus-
Theorie ist nicht mehr aktuell, da das Ausbeutungsverhältnis
der reichen gegenüber den armen Ländern in Form der Lenin-
schen Analyse nicht mehr besteht. Soweit Habermas. Alle Vertreter der Frankfurter Schule haben erkannt, dass die Marxsche
Verelendungstheorie nicht zutrifft. Gewerkschaften haben bessere Lohn- und Arbeitsbedingungen erkämpft: Reformen haben
die Revolution verhindert. Die ökonomische Armut ist ökonomischem Reichtum breiter Schichten gewichen. Ist angesichts
dieser Lage Revolution möglich und notwendig'? Die Neue
Linke meint "ja" und will unter Aufnahme des Neomarxismus
einen „Dritten Weg“ zwischen dem dogmatischen Marxismus-
Leninismus der Kommunisten und dem sozialen Liberalismus
der Sozialdemokraten gehen. Ziel ist die >Emanzipation des
Menschen, d. h. Befreiung von jeglicher Fremdbestimmung.
Der Weg dahin beginnt bei der Bewusstmachung der Knechtschaft und führt (umgekehrt wie bei Marx) über die Veränderung des einzelnen Menschen zur Veränderung der Gesellschaft.
Nach *Theodor W. Adorno* ("Negative Dialektik") ist die Geschichte eine permanente Katastrophe. Verführt durch den Willen zur Macht, verfiel der Mensch im Herrschen über die Natur
selbst dem Herrschaftsdenken: Er wurde vom Subjekt zum Objekt. Fortschritt ist in sein Gegenteil umgeschlagen (negative
Dialektik). Da das Ganze falsch ist und da auch die Vernunft
lediglich Reflex totalitären Herrschaftsanspruches ist, ist eine
vernunftgesteuerte, revolutionäre Praxis der Veränderung des
Ganzen nicht möglich. Es bleibt nur der Rückzug in die Theorie im Sinne einer Denkpause. Angesichts des Dominierens
von Herrschaftsstrukturen in allen Lebensbereichen ist Bejahung des Leidens, Schizophrenie und amokartiker Anarchismus die einzige angemessene Lebenshaltung. - *Kritik* (vgl.

Günter Rohrmoser, „Das Elend der kritischen Theorie"): Wie ist Veränderung möglich, wenn Theorie praxislos und Praxis theorielos bleibt? Wer übernimmt dann Verantwortung für schuldhafte Praxis? Kann man mit einer nihilistischen Geschichtsschau leben? Die (nach biblischem Verständnis: Hi. 1 f. u. ö.) begrenzte Herrschaft des Bösen in einer gefallenen Welt wird als absolut angesehen; aber kann man Gott aus der Geschichte ausklammern, der der Herr über alles ist und bleibt? In Aufnahme und teilweiser Uminterpretation von Marx und Freud beschreibt *Herbert Marcuse* ("Der eindimensionale Mensch", "Versuch über die Befreiung" u. a.) folgenden Weg zum "neuen Menschen: Der heutige Mensch wird zwar nicht mehr von ökonomischem Zwang, aber von Konsumzwang geknechtet, der ihn libidinös und aggressiv an Warenform und bestehende Gesellschaft bindet. Er lebt weiterhin in Entfremdung in Form von Angst und Alltagsmühe. Durch Werbung werden Scheinbedürfnisse diktiert. Gleichzeitig wird die Erfüllung der wirklichen Bedürfnisse verhindert, da Herrschaft mit Triebunterdrückung verbunden ist (Übertragung der Freudschen These vom Auseinanderfallen von Lust- und Realitätsprinzip auf die gesellschaftliche Ebene). Durch bewusstseinsändernde Erziehung muss der Mensch dahin gebracht werden, wahre von falschen Bedürfnissen zu unterscheiden. Er muss revolutionäres Subjekt werden in der "großen Weigerung". Er muss an der Erkämpfung des "befriedeten Daseins" teilnehmen, in dem optimale Bedürfnisbefriedigung bei einem Minimum an Arbeit und Elend erreicht wird. Das Ästhetische ist Eichmaß für die erstrebte freie Gesellschaft. In ihr wird Arbeit zur Lust und Zärtlichkeit zum Zeichen repressionsfreier Sexualität. - *Kritik:* Ist eine Revolution sinnvoll und notwendig, wenn das vitale Bedürfnis danach nicht (mehr) besteht? Kann optimale Triebbefriedigung des einzelnen wirklich zu einer Gesellschaft führen, in der ein Zusammenleben noch möglich ist? Entstehen nicht vielmehr Zügellosigkeit, Libertinismus,

Genusssucht und Egoismus? Freud selbst hatte sich ja für eine teilweise Sublimierung des Lustbedürfnisses ausgesprochen. Ideale wie Abschaffung der Arbeit oder Arbeit aus Lust gehen am seit jeher egoistischen, "bösen" Wesen des Menschen vorbei (1. Mose 8,21 u. a.). Die Beschreibung des erstrebten befriedeten Daseins bleibt verschwommen. Marcuse setzt implizit die (laut Bibel nicht vorhandene) Möglichkeit menschlicher Vollkommenheit und Selbsterlösung voraus. Außerdem widerspricht eine als notwendig vorausgesetzte Abnahme der Bevölkerungszahl der gegenwärtigen weltweiten Bevölkerungsexplosion und ist in ihrer Erreichbarkeit genauso utopisch wie inhuman. Nicht durch Triebbefriedigung und -befreiung entstehen neue Menschen, sondern allein durch die Annahme der Erlösungstat Jesu Christi (Römer 5 ff. u. ö.). Auf marxistischer Seite weist Benjamin darauf hin, dass Marcuse mit seiner Herausstellung des biologischen Seins für die revolutionäre Praxis in die Nähe faschistischer Theorie gerät. Hier triumphiere letztlich Nietzsche ("Übermensch") über Marx.

Nach der Erfahrung, dass das Proletariat als revolutionäres Subjekt ungeeignet ist, und dem Scheitern der Studentenrevolte nach außen hin, begann die Neue Linke den "langen Marsch durch die Institutionen" und entdeckte das Kind als in kleinen Schritten formbares revolutionäres Subjekt (*Reformpädagogik statt Revolution*). Ihr Anknüpfungspunkt: Die individualistische Industriegesellschaft steckt in einer Krise. Rationalismus, Wohlstandsmaterialismus, Sinnentleerung und die unbewältigte Vergangenheit der erziehenden Generation haben ein kulturgeschichtliches Vakuum geschaffen. In dieses Vakuum stößt die neomarxistische Konfliktpädagogik durch Aufzeigen unbefriedigter Bedürfnisse, Aufdecken von Konfliktsituationen, Darstellung der Veränderbarkeit der Situation, Einüben von Strategien, Aufzeigen der Notwendigkeit zum solidarischen Zusammenschluss. Erziehungsziel ist der mündige, vernünftige, kritikfähige Mensch. Im Hintergrund steht der (aus der

>Aufklärung stammende) Glaube an die Macht der Erziehung und die Vervollkommnungsfähigkeit des Menschen. Konkret wird behauptet: Der Mensch ist von Natur aus gut, wird aber durch die schlechte Gesellschaft verdorben. Die Persönlichkeit ist machbar. Sie ist von Umwelt und Erziehung, aber nicht von Erbanlagen abhängig; deshalb Bildungsgesellschaft und Chancengleichheit! Jeder ist fähig zu vernünftiger Selbstbestimmung und doch zugleich auf Heilsvermittler angewiesen, eine elitäre Minderheit, die zeigt, was gut und böse ist. "Vernünftigkeit", d. h. kritische Rationalität, kann durch Konflikte gefördert werden. In der Praxis beabsichtigt die Konfliktpädagogik folgende Wirkungen: Durch Verhasstmachung des herkömmlichen geisteswissenschaftlichen Schulsystems weckt sie den Wunsch nach alternativen Schulsystemen, z. B. Gesamtschulen; in diesen ist die Trennung vom Elternhaus und die Bildung einer kollektiven Identität verstärkt möglich. In emanzipatorisch geprägten Rahmenrichtlinien wird dazu angeleitet, die Gesellschaft als von Konflikten und Herrschaftsinteressen bestimmt zu sehen. Dies wirkt sich vor allem auf den Deutsch-, Politik- und (immer mehr reduzierten) Geschichtsunterricht aus. Nichtrevolutionäre Dichter und Personen der Geschichte werden zunehmend übergangen oder uminterpretiert. Antiautoritäre Erziehung stellt alle überlieferten Werte und Autoritäten in Frage, insbesondere die Autorität von Eltern, Staat, Geboten und Gott. Die Anwendung des neomarxistischen Soziologen-Deutsch und die Vernachlässigung des Grammatikunterrichts bewirken Einschüchterung und Reduktion des logischen Denkens der Schüler. Stattdessen kommt es zur erwünschten Aneignung von Klischees. Durch die Taktik der moralischen Überbietung (Überforderung des zu überwindenden Systems) wird die gegenwärtige Gesellschaft als unannehmbar gezeichnet. während die zu schaffende, utopische Gesellschaft in verschwommenen, aber hellen Zukunftsfarben erscheint. Der Geschlechtstrieb wird als Instrument lustbetonter Selbstverwirkli-

chung angesehen. Demgemäß liegt besondere Betonung auf dem Sexualkundeunterricht und dem Zerbrechen sexueller Tabus.

Zwischen der emanzipatorischen Pädagogik der Neuen Linken und der kommunistischen Pädagogik des Marxismus-Leninismus gibt es Unterschiede, wobei allerdings zu bedenken ist, dass erstere die westliche Demokratie zerstören und damit dem Kommunismus - gewollt oder ungewollt - den Boden bereiten soll. Der Zerstörung folgt dann neue Autorität (wenigstens so lange, bis die utopische kommunistische Weltgesellschaft erreicht ist). W. Brezinka ("Erziehung und Kulturrevolution") nennt folgende wichtigen Unterschiede: Die emanzipatorische Pädagogik erstrebt die emanzipierte Persönlichkeit, die Fähigkeit zur Ideologiekritik, die Befreiung von Normen, kein Leistungsprinzip, antiautoritäre Erziehung, Misstrauen gegen den Staat, sexuelle Freizügigkeit und Schmälerung der Elternautorität. Die kommunistische Pädagogik dagegen hat zum Ziel die sozialistische, parteiliche Persönlichkeit, die Aneignung der sozialistischen Idee, die Verinnerlichung sozialistischer Normen, das Leistungsprinzip, autoritäre Erziehung, Bejahung des sozialistischen Staates, sexuelle Zucht und Unterstützung der sozialistisch-autoritären Familie.

Kritik: Es ist fraglich, ob die Reformpädagogik des Neomarxismus zum erhofften neuen Menschen führt. Die Zerstörung der Autoritäten und die Verschwommenheit der Vorstellungen vom neuen Menschen und seiner Erreichbarkeit rufen in den meisten Jugendlichen nicht revolutionäre Gesinnung, sondern Verunsicherung hervor; Verunsicherung aber ist der Nährboden für Selbstzerstörung, Sturz in die Diktatur und Terrorismus. Die geistesgeschichtlichen Voraussetzungen im aufklärerischen >Humanismus, im naturalistischen Immanentismus, im >Evolutionismus und im Nietzscheschen Denken vom Übermenschen sind sämtlich zu hinterfragen, insbesondere anhand des biblischen Welt- und Menschenbildes (siehe vor allem 1.

Mose 1-3; 8,21; Ps 51,7; Römer 1-8; Hebr 4,3: 11,3 u. a.). Dieses besagt: Der Mensch ist nicht von Natur aus gut. Ferner gilt: Die Persönlichkeitsentwicklung ist vom Zusammenspiel von Erbanlagen und Erziehung abhängig, nicht von der Erziehung allein. Keiner kann die heutige komplexe Gesellschaft völlig überschauen und sich selbst absolute Normen setzen. Gehorcht der Mensch einer elitären Minderheit von "Heilsvermittlern", gerät er erst recht in Knechtschaft. Viele Menschen zerbrechen unter Konflikten sowie unter der Kollektivierung und Entblößung ihres Innenlebens in >Gruppendynamik, Rollenspielen und Soziogrammen. Sexuelle Freizügigkeit führt leicht zur Versklavung unter das eigene Triebleben und unter die Schamlosigkeit der anderen. In zahlreichen Punkten kann die emanzipatorische Sozialisationsidee als direkter ideologischer Gegenentwurf zur biblischen Heilsbotschaft entlarvt werden. Es stehen einander gegenüber: eschatologisches Reich Gottes in der Bibel oder herrschaftsfreies, weltimmanentes „Reich der Freiheit" im N.; der Mensch als Ebenbild Gottes oder der kollektivierte „neue Mensch"; Erlösung durch Christus oder libidinöse Versöhnung von „Ich" und „Es"; Gemeinde unter Leitung des Heiligen Geistes oder sozialisierte Gruppe unter der Leitung von Psychotechnik; Heiligung oder optimale Bedürfnisbefriedigung; Freiheit in Gotteskindschaft oder Emanzipation des Menschen vom lebendigen Gott. Die Ideologie des N. trägt weithin die Kennzeichen des in der Bibel für die >Endzeit prophezeiten „Menschen der Gesetzlosigkeit" (Mt 24, 12: 2. Tim 3, 1-4; 2. Thess 2, 3; >Antichrist). Demgegenüber gilt es, daran festzuhalten: Missachtung der Autorität Gottes ist Sünde und führt in freiheitsvernichtende Bindungen hinein (Röm 1 u. ö.). Trotz der Gefahr des Autoritätsmissbrauchs sind Persönlichkeitsentwicklung und Zusammenleben ohne Autorität und objektive sittliche Normen nicht möglich (Ps 119; Röm 13 u. ö.). Die Bibel lehrt, die Eltern zu ehren - zum eigenen Segen der Kinder (2. Mose 20, 12; Eph 6, 1 f. u. ö.). "Die Furcht des

Herrn ist der Anfang der Erkenntnis. Die Toren verachten Weisheit und Zucht" (Spr 1,7).
S. auch: >Kommunismus; >Libertinismus; >Anarchismus; >Psychoanalyse; >Habermas, Jürgen; >Ideologie; >Grüne Ideologie; >Selbstverwirklichung; >Gruppendynamik; u.a.
Lit.: T. W. Adorno, Negative Dialektik, 1966; J. Habermas, Erkenntnis und Interesse, 1969; ders., Theorie und Praxis, 1963; J. Habermas/N. Luhmann, Theorie der Gesellschaft oder Sozialtechnologie, 1971; M. Horkheimer, Kritische Theorie, 2 Bde., 1968; H. Marcuse, Der eindimensionale Mensch, 1974; ders., Triebstruktur und Gesellschaft, 1969; ders., Versuch über die Befreiung, 1972. – Kritisch: W. Brezinka, Erziehung und Kulturrevolution, 1976; G. Rohrmoser, Das Elend der kritischen Theorie, 1973; ders., Die Strategie des Neomarxismus, 1975; L. Gassmann, Grün war die Hoffnung, 1994, 124-135.
Lothar Gassmann

Okkulte Thanatologie

In der okkulten Thanatologie (Sterbeforschung), repäsentiert v.a. von Raymond Moody und Elisabeth Kübler-Ross, wird von einem „Tunnel" geredet, durch den Menschen nach dem Tod ziehen. Am Ende erscheint vielen – Gläubigen und Ungläubigen – eine lichtvolle Welt.
Kritik: Manche der Erkenntnisse von Kübler-Ross und Moody (z.B. über das seelische Erleben des Sterbevorgangs, die Begleitung Sterbender) sind hilfreich, andere dagegen (wie >Reinkarnation, Geistführer, Lichterlebnisse etc.) hochgradig spiritistisch und okkult (>Spiritismus, >Okkultismus). Die Bibel spricht von >Himmel und >Hölle und davon, dass nur gläubige, wiedergeborene Christen in den Himmel kommen. Man beachte, dass sich Satan (>Dämonen) als „Engel des Lichts" (2. Kor 11,14) verkleiden und ungläubigen Menschen vorgaukeln kann, sie würden ohne persönliche Beziehung zu Jesus Chris-

tus in den Himmel gelangen. Dagegen gilt: „Wer den Sohn hat, der hat das Leben; wer den Sohn Gottes nicht hat, der hat das Leben nicht" (1. Joh 5,12).
Lothar Gassmann

Ökologie. Ökologische Religion

Der Begriff Ökologie (Ö.) (griech. „Lehre vom Haus/Haushalt") hat ursprünglich eine rein naturwissenschaftliche Bedeutung: Er bezeichnet "denjenigen Teilbereich der Biologie, der sich mit den Wechselbeziehungen zwischen den Organismen und der unbelebten ... und der belebten Umwelt ... befasst" (Meyers Enzyklopädisches Lexikon). Ö. ist nach der klassischen Definition Ernst Haeckels die "Wissenschaft von den Beziehungen des Organismus zur umgebenden Außenwelt". Die naturwissenschaftliche Disziplin "Ö." hat zu der wichtigen Erkenntnis geführt, dass kein Lebewesen isoliert existiert, dass die Erhaltung der verschiedenen Arten und des Lebensraums auch die Voraussetzung für die Erhaltung der eigenen Art ist. >Umweltschutz ist die praktische Konsequenz der naturwissenschaftlichen Ö. (oder "Naturökologie").
Im Zuge des >New-Age-Denkens nun wurde der naturwissenschaftliche Ökologie-Begriff erweitert - und zwar um eine soziale und eine spirituelle Dimension. Soziale und spirituelle Dimension werden zusammen als „Tiefenökologie" bezeichnet, als tiefer verstandene Ö. Charlene Spretnak schreibt in ihrem Buch „Die Grünen": „Die Perspektive der Grünen ist die Tiefenökologie. Die Tiefenökologie umfasst das Studium subtiler Wechselprozesse der Natur und die Anwendung dieses Studiums auf unseren Umgang mit der Natur und untereinander" (S. 315). Es ist also zu unterscheiden zwischen naturwissenschaftlicher Ö. („Naturökologie") und tiefer verstandener Ö. („Tiefenökologie"), wobei sich letztere wiederum in soziale Ökologie („Sozialökologie") und spirituelle Ökologie untergliedert.

Manon Maren-Griesebach hat einen Hauptteil ihres Buches "Philosophie der Grünen" mit dem Schlüsselwort "Sozialökologie" überschrieben. In der Darstellung überträgt sie die "Fließgleichgewichte" innerhalb der Natur auf das Denken und Handeln der Menschen. Sie führt Folgendes aus: "Im Großen verändern sich die Klimata der Erde, die Wüsten breiten sich aus, die Gletscher schmelzen, die Feuchtigkeitsgrade wechseln, und wenn schon diese materiellen Welten andere werden, so erst recht Denken und Handeln der Menschen. Starres Festhalten an einmal gefassten Grundsätzen wäre tot und geschichtsfremd. Grün meint die Farbe des sich ändernden Lebens" (S. 56f.). Und Charlene Spretnak schreibt: "Menschliche Systeme können von der Natur lernen, wenn es um wechselseitige Abhängigkeit geht, um Vielfalt, um Offenheit für Veränderungen innerhalb eines Systems, um Flexibilität und um die Fähigkeit, sich neuen Ereignissen und Bedingungen außerhalb des Systems anzupassen" (S. 316).

Bei der *Beurteilung* solcher Aussagen ist zunächst festzustellen, dass es gewiss Parallelen zwischen "Bewegung, Werden, Veränderung" in der Natur und in dem Denken und Handeln von Menschen gibt. Flexibilität, Offenheit, Vielfalt, Diskussionsbereitschaft usw. sind notwendige menschliche Verhaltensweisen - auch in der Politik. Aber es ist falsch zu behaupten, dass es überhaupt keine festen Grundsätze - sowohl im Blick auf die Natur als auch auf das menschliche Denken und Handeln - gebe. Ein relativistisches, alle festen Grundlagen verneinendes Weltbild ist unhaltbar (>Pluralismus, >Relativismus). Nicht nur der christliche Glaube, sondern auch die beobachtende Naturwissenschaft erkennt nämlich bereits in der Natur Gesetze, nach denen alles geregelt ist. Bewegung, Werden und Veränderung sind zwar Erscheinungsweisen der Natur, aber hinter diesen Erscheinungsweisen verbirgt sich ein Plan, der den Ablauf von Bewegung, Werden und Veränderung bestimmt. Nicht Bewegung, Werden und Veränderung sind somit

die letztgültigen Grundlagen des Naturablaufs, sondern die hinter ihnen stehenden, empirisch erhebbaren Gesetze. Die Tatsache, dass die Naturwissenschaft immer wieder neue Beobachtungen macht und sich z. B. zunehmend vom Newtonschen Weltbild löst, spricht nicht gegen das Vorhandensein von Naturgesetzen überhaupt, sondern nur für die Begrenztheit und Vorläufigkeit des menschlichen Erkennens. Will man die Analogie zwischen Naturökologie und Tiefenökologie aufrechterhalten und die Beobachtungen der Naturökologie auf das Feld der Sozialökologie übertragen, so muss man *gerade* von Gesetzen reden - von Gesetzen, die das Leben und Zusammenleben der Menschen regeln. Ein Unterschied besteht freilich: Der Mensch ist, um es mit Immanuel Kant zu formulieren, "Bürger zweier Welten". Sein Leben wird nicht nur von naturgesetzlicher Notwendigkeit, sondern zugleich von geistiger Freiheit bestimmt. Er kann somit die für die Natur und für ihn geltenden Gesetze übertreten - allerdings nicht, ohne dabei die Natur und sich selber zu schädigen. Will der Mensch jedoch das Leben und Überleben auf dieser Erde sichern, dann muss er sich gerade an diese Gesetze halten. Einem schrankenlosen Relativismus, wie ihn die „grüne" Philosophie und Ethik vertritt, wird somit bereits von der Naturbeobachtung her eine Absage erteilt. Es *gibt* absolute Maßstäbe. Die Frage stellt sich nur: Wo kommen diese her? Mit einem blinden Zufallsprinzip lassen sie sich ebenso wenig erklären wie mit den wechselnden und einander vielfach widersprechenden Meinungen der Menschen. Die Antwort des christlichen Glaubens lautet: Gott als Schöpfer hat der Schöpfung Gesetze und dem Menschen Gebote gegeben - zum Wohl des Menschen und der Schöpfung. Wer sie übertritt, handelt gegen den Willen des Schöpfers und bringt das Chaos in die von Gott geschaffene Ordnung hinein. Das nennt die Bibel "Sünde".
Nun spricht auch die vom New-Age-Denken beeinflusste grüne Ideologie von "Gott" oder dem "Göttlichen". Eine "neue Spiri-

tualität", "Spirituelle Ökologie" oder *"Ökologische Religion"* (Hubertus Mynarek) ist für das New-Age-Denken geradezu kennzeichnend. Im Gegensatz zum biblischen Gottesverständnis ist der "Gott" des New Age und der grünen Ideologie mit Mensch und Natur identisch. Hubertus Mynarek z. B. bringt das in seiner Beschreibung der "Ökologischen Religion" deutlich zum Ausdruck: „Das hervorbringende Prinzip, der Grund der Wirklichkeit, ist aber nicht etwa ein transmundaner, überweltlicher, unweltlicher, übernatürlicher (in diesem Sinne unnatürlicher) Gott; dieses Prinzip ist also nicht etwas außer oder neben der Natur, sondern diese selbst in ihrem Charakter als hervorbringende, schaffende. Die Natur trägt den Grund ihrer selbst in sich, schließt die Kraft ein. sich selbst hervorzubringen" (Ökologische Religion, S. 90). "Ökologische Religion" ist demnach "Naturmystik" oder „Natur-Religion" in dem Sinne, dass sie "Natur als das Seinsganze, als die Ganzheit aller Wirklichkeit, als die Einheit von hervorbringendem absolutem Prinzip und hervorgebrachten Naturdingen oder Seienden, einschließlich des Menschen, engagiert-existentiell sieht, anerkennt, bewundert und verehrt". "Göttlich" und "verehrungswürdig" ist nach dieser Auffassung "die unendliche Seinsmacht der Natur" (ebd., S. 90ff.). Auch Maren-Grisebach spricht von einem "mystischen Einheitsgefühl (unio mystica) alles Lebendigen" und von der Hoffnung, dass durch die Wiederbelebung archaischer Naturreligionen, v. a. der für den >Feminismus wichtigen "matriarchalischen Mythologie", die verloren gegangene Einheit von Mensch und Natur bzw. Kosmos wiederhergestellt wird (S. 43.101). Die "Gottheit" muss nach Spretnak "sowohl als weiblich wie auch als männlich verstanden werden". „Sie ist nicht im Himmel; sie ist die Erde." Ihre "Manifestation" findet sich "in der ältesten Schöpfungsgeschichte der westlichen Kultur", in dem heidnischen Mythos von der Erdgöttin "Gaia" (S. 339).

Worin jedoch besteht der Unterschied zum biblischen Gottes-be-griff? Nach biblischem Verständnis hat Gott die Welt durch sein Wort (1. Mose 1,1 ff.; Joh 1,1 ff.) geschaffen, indem er das Nichtseiende ins Dasein rief (Römer 4,17). Die Schöpfung ist kein Teil Gottes, sondern Gott steht seiner Schöpfung souverän gegenüber: "Unser Gott ist im Himmel; er kann schaffen, was er will" (Ps 115,3; vgl. Ps 33,9; Jer 18,1 ff.; u. ö.). Auch der Mensch ist nicht als Teil, sondern als „Ebenbild" Gottes geschaffen (1. Mose 1,27) - und damit als personhaftes Gegenüber, das zu Gott (etwa im Gebet) „Du" sagen, das sich von ihm trennen (Sünde) und wieder zu ihm zurückkehren kann (Umkehr, Bekehrung). Zwischen Gott und Mensch besteht keine Identität, sondern gewissermaßen ein Dialogverhältnis, bei dem Gott - auch wenn er durch seinen Geist im bekehrten (nicht im unbekehrten!) Menschen wohnt (vgl. Römer 8,9; Gal 2,20; u. ö.) - stets seine Souveränität bewahrt. Bemerken wir, wie die Veränderung bzw. Beseitigung des christlichen Gottesbegriffs in der Ökologischen Religion der Religionsvermischung (Synkretismus) Tür und Tor öffnet? "Gott" wird im Sinn antik-heidnischer oder östlicher Religionssysteme (>Hinduismus, >Buddhismus, >Taoismus) als "das Göttliche", als kosmische Energie verstanden, die mit der Natur und dem Weltganzen eins ist. Seine Personalität und Souveränität, seine selbständige Existenz als Schöpfer im Gegenüber zur Schöpfung wird abgelehnt. Die neue, synkretistische ökologische "Universalreligion" (Mynarek) kommt im Gefolge der grünen New-Age-Spiritualität auf uns zu. Die Vernetzung biologischer Prozesse im Naturhaushalt (Naturökologie) wird als Vorbild für die Vernetzung der Religionen (spirituelle Ökologie) angesehen. Die Zusammenfassung der Religionen gilt als möglich, weil sie nur unterschiedliche, mehr oder weniger verdunkelte Ausgestaltungen des einen, ursprünglichen ökologischen Prinzips seien.

Ist das der Fall? Wir haben gesehen, dass die Bibel von einem persönlichen, souveränen Gott spricht, der sich mit den unpersönlichen, naturhaft-kosmischen Gottesvorstellungen heidnisch-archa-ischer und -östlicher Religionen nicht gleichsetzen lässt. Zwar sind Menschen, Tiere, Pflanzen, Mineralien usw. gleichermaßen in den ökologischen Naturhaushalt eingebettet. Gott jedoch als Schöpfer steht darüber. Die Selbsterniedrigung (Phil 2,6-8) und Fleischwerdung (Joh 1,14) seines Sohnes Jesus Christus geschieht aus der freien Liebe Gottes zu seinem Geschöpf (Joh 3,16). nicht aus naturgesetzlicher Notwendigkeit heraus. Lieben aber kann nur eine Person, kein unpersönliches Weltprinzip und keine kosmische Energie.

Die Tatsache, dass die grüne New-Age-Ideologie oder „Ökologische Religion" Gott als Schöpfer nicht anerkennt, sondern in den Bereich des Geschöpflichen hineinzwängt und degradiert, hat fatale Folgen: Mit der Erniedrigung Gottes ist die (scheinbare) Erhöhung des Menschen verbunden; denn ist Gott in der Natur und verschmelzen beide zu einer untrennbaren Einheit, dann ist die Natur - und damit der Mensch - "göttlich" (pantheistischer Monismus: die Vorstellung, dass alles eins und alles Gott ist; >Pantheismus). Das war von je her das Ziel des Menschen: Sein zu wollen wie Gott: selbst Gott sein zu wollen (1. Mose 3, 5). Durch die Vereinheitlichung von Gott, Mensch und Natur in der Ökologischen Religion scheint dies zu gelingen. Dabei aber wird das Entscheidende übersehen: Die ganze Misere, in der wir heute stecken, beruht genau auf dieser Erniedrigung Gottes und Selbsterhöhung des Menschen. Weil sich der Mensch von Gott, seinem Schöpfer, lossagt und stattdessen >Dämonen in Gestalt von kosmischen Mächten, Götzen und Naturgöttern ehrt (1. Mose 3,1ff.; 1. Kor 10,20; Kol 2,8 u. ö.) oder sich hochmütig selbst anbetet (Jes 13,11 u. ö.), kommt es zu Mord (1. Mose 4), Krieg (Jes 2,1ff.), Hungersnot (2. Sam 24,13), sozialer Ungerechtigkeit (Am 2,4ff.), Umweltproblemen (1. Mose 3,17ff.; Röm 8,22) und Vernichtung (1. Mose 7;

Mt 24,35ff.). Die Ökologische Religion bzw. spirituelle Ökologie verstärkt somit den Schaden, den sie zu heilen beansprucht, indem sie ihre Augen für die biblische Realität verschließt.

Eine Lösung kann es nur durch die Umwandlung des menschlichen Herzens geben, durch die radikale Umkehr zu Gott als demjenigen, der nicht machtlos als eine kosmische Energie in Naturhaushalt und Weltenlauf eingeschlossen ist, sondern ihnen als der souveräne Herr gegenüber steht. Gott ruft schon lange zur "Wende". Seine "Wendezeit" (Fritjof Capra) hat begonnen, als Jesus Christus auf die Erde kam und durch seinen Kreuzestod und seine Auferstehung die Grundlage für ein neues Menschsein legte. Wenn ein Mensch mit Paulus sagen kann "Ich lebe; doch nun nicht ich, sondern Christus lebt in mir" (Gal 2,20), dann ist er eine "neue Kreatur" (2. Kor 5,17), dann bringt er die „Frucht des Geistes" hervor, die unsere Welt so dringend braucht: "Liebe, Freude, Friede. Geduld, Freundlichkeit, Gütigkeit, Glaube, Sanftmut und Selbstbeherrschung" (Gal 5,22). Wären nicht so viele nur dem Namen nach „Christen", dann wäre die notwendige Wende schon längst gekommen.

Zusammenfassung: Hauptanknüpfungspunkt des New-Age-Denkens an die grüne Ideologie ist ein erweiterter Ö.-Begriff. Die empirisch nachweisbare Vernetzung aller Lebensprozesse in Naturkreisläufen (biologisch-naturwissenschaftliche Ö.) wird in „tiefenökologischer" Deutung auf die Ebenen des Sozialen („Sozialökologie") und Spirituellen („spirituelle Ö.") übertragen. „Sozialökologie" geht davon aus, dass alle gesellschaftlichen Prozesse ständig "im Fließen" sind und dass es keine festen Grundsätze für das Denken und Handeln der Menschen gibt. Sowohl die Beobachtung von Gesetzen in der Natur als auch der biblisch-christliche Glaube an einen persönlichen Gott als Schöpfer absoluter Maßstäbe widersprechen jedoch dieser relativistischen Vorstellung. In der "spirituellen Ökologie" -

und in ihrer Ausgestaltung zur "Ökologischen Religion" - wird der Glaube an einen persönlichen, unabhängig von der Schöpfung existierenden Gott abgelehnt und stattdessen die Natur als „das Göttliche" verehrt (pantheistischer Monismus). „Ökologische Religion" ist Naturreligion. Dabei wird übersehen, dass es in biblischer Sicht gerade diese Abwendung des Menschen vom persönlichen Gott und seinen absoluten Maßstäben sowie die Hinkehr zu heidnischen Naturgötzen und zur Selbstvergottung des Menschen war, die - in der Wechselwirkung von menschlicher Sünde und göttlichem Gericht - zu den heutigen Krisen geführt hat. Eine Lösung der Krisen kann es nur durch die Umkehr des Menschen zu dem lebendigen Gott und die Umwandlung des menschlichen Herzens geben, durch die Annahme des stellvertretenden Sühneopfers Jesu Christi am Kreuz und die Inanspruchnahme seiner Auferstehungskraft: "Darum, ist jemand in Christus, so ist er eine neue Kreatur; das Alte ist vergangen, siehe, Neues ist geworden" (2. Kor. 5, 17).
S. auch: >Grüne Ideologie; >Umweltschutz; >Umweltzerstörung; >Mensch; >Ökumene der Religionen; >New Age; >Pantheismus.
Lit.: M. Maren-Grisebach, Philosophie der Grünen, 1982; C. Spretnak, Die Grünen, 1985; H. Mynarek, Ökologische Religion, 1986. – Kritisch: L. Gassmann, Grün war die Hoffnung. Geschichte und Kritik der grünen Bewegung, 1994.
Lothar Gassmann

Panentheismus (griech.) heißt: "Alles ist in Gott". Der P. sagt, dass die Welt der Leib der Gottheit ist, Gott die Welt aber als Geist übersteigt. Leib und Geist Gottes werden hier unterschieden. Norman Whitehead und andere Philosophen im 20. Jahrhundert haben diese Lehre vertreten. Die Welt sei der Leib Gottes, der aktuelle Pol. Der Geist Gottes sei der potentielle Pol, der also auch schaffen könne. Als aktueller Pol ist er relativ, zeitlich und begrenzt, als potentieller Pol ist er absolut, ewig und unbegrenzt.

Kritik: a. Hier wird – im Unterschied zum >Pantheismus - ernst genommen, dass Gott zur Welt gekommen ist, d.h. dass es einen Gott in geistiger Form auch außerhalb der Welt gibt. – b. Jenseits der Polarität muss es aber auch eine sie begründende "reine Aktualität" geben. Das heißt, die Polarität kann nicht selbst schon Gott sein, sondern es muss einen Gott geben, der außerhalb dieses Ganzen existiert. Wenn man Gott als Leib der Welt sieht, dann würde Gott keine absolute Unabhängigkeit von der Welt besitzen. Und damit kann es sich nicht um den biblischen Gott handeln. – c. Gott hat bei der Schöpfung an nichts angeknüpft außer an seine Liebe, als er die Welt aus dem Nichts erschuf. Gott erschuf nach biblischem Zeugnis (1. Mose 1,1; Hebr 1,2; 11,3; Kol 1,17; Röm 4,17 etc.) die Welt aus dem Nichts und es gibt keinen Pol, welcher der Leib Gottes im Sinne der Welt wäre. S. auch >Pantheismus.

Lit.: N. Geisler, Christian Apologetics, 1992.

Lothar Gassmann

Pantheismus kommt vom griechischen "pan" ("alles") und "theos" ("Gott"). P. ist die Vorstellung, dass alles Gott sei (Allgottheitslehre). Gott sei identisch mit dem Universum. Gott sei also keine Person, kein Schöpfer, der (wie im >Theismus) außerhalb der Schöpfung steht und ihr einen Anfang gesetzt hat, sondern er sei die anfanglose, unendliche, unpersönliche und ewige Urkraft, Urmacht oder Substanz.

Der P. ist eine sehr alte Lehre und tritt schon seit Jahrtausenden in Konkurrenz zum jüdisch-christlichen Glauben an den persönlichen Gott und Schöpfer. Beheimatet ist er vor allem im fernöstlichen Religionsbereich. Er wurde von verschiedenen Vertretern der abendländischen Philosophie aufgegriffen und modifiziert. Einige typische Formen werden nachfolgend skizziert.

Die hinduistischen Upanischaden des ersten vorchristlichen Jahrtausends beschreiben das Brahman als das monistische Urprinzip, welches das Weltall aus sich heraus hervorbringt (Emanation) und wieder in sich aufnimmt. Brahman "individualisiert" sich zwar im Einzelwesen als "Atman" (ungefähr mit "Einzelseele" wiederzugeben), doch hat Atman das Ziel, im Brahman aufzugehen (Entselbstung). Die in hinduistischen Systemen ebenfalls vorfindlichen polytheistischen (Götter-Pantheon) und sogar monotheistischen Vorstellungen werden dem P. untergeordnet und eingegliedert, denn diese Gottheiten werden als Emanation(en) des all-einen Brahman betrachtet (>Hinduismus).

In ähnlicher Weise erblickt der chinesische Universismus eines Lao-Tse (>Taoismus) im Tao ("Weg") das Urprinzip, das Absolute, den Urgrund der Welt: "Der Weg schuf die Einheit. Einheit schuf die Zweiheit. Zweiheit schuf Dreiheit. Dreiheit schuf die zehntausend Wesen" (Tao-Te-King 42).

Naturphilosophen des antiken Griechenland in der Mitte des ersten vorchristlichen Jahrtausends vermuten in unterschiedlichen Urstoffen (Feuer, Erde, Wasser, Luft) dasjenige, welches die Welt durchdringt: das Göttliche. Für Heraklit z.B. ist das "Urfeuer" (wohl im Sinne von Urenergie) das alles belebende Prinzip. Der Eleat Parmenides vertritt einen absoluten P., indem er alle Wirklichkeit in monistischer Weise als ein Ganzes betrachtet und Verschiedenheit als Illusion bezeichnet.

Der Neuplatoniker Plotin (2. Jh. n. Chr.) entwickelt - unter dem Einfluss des Theismus stehend - eine gemäßigtere Form: den emanativen P. Er spricht von einem Gott jenseits des Emanationsprozesses, der sich jedoch durch seinen Geist in stufenmäßiger Abfolge als Welt und in die Welt hinein entfaltet. Der Emanationsprozess besitzt folgende Stufenleiter (in immerwährender absteigender Folge gemäß der Distanz vom göttlichen

Urgrund): 1. Gott (jenseits des Seienden); 2. der göttliche Geist (als Inbegriff der platonischen Ideen, die sich als Welt entfalten); 3. die Weltseele (Gesamtbereich des Psychischen, Lebendigen); 4. Einzelseelen (als Individualisierungen der Weltseele); 5. Materie (als die unvollkommenste Erscheinungsform des Göttlichen, die durch Finsternis gekennzeichnet ist).

Verschiedene christliche Mystiker bewegen sich hart an der Grenze zum P., so z.B. Meister Eckhart (1260-1327). Eckhart sagt, dass Gott und die Seele des Menschen einander ebenbildlich sind. So wie über dem geoffenbarten dreieinigen Gott die absolute, ganz jenseitige, eine Gottheit steht, so steht über den drei Seelenkräften (Gedächtnis, Vernunft und Willen) das göttliche, edle, unverderbte Seelenfünklein des Menschen. Erlösung geschieht durch das Einswerden der Seele mit Gott. "... das Erkennen veredelt die Seele zu Gott hin, die Liebe eint sie mit Gott, und das wirkliche Erfühlen vollendet sie in Gott" (Schriften 1934, 97).

Baruch de Spinoza (1632-1677) vertritt einen modalistischen P. Gott ist die unendliche Substanz. Diese besitzt unendliche Ausdehnung und unendliches Denken gleichzeitig (im Unterschied zu R. Descartes' Auffassung, der res extensa und res cogitans trennte). Da die Substanz unendlich ist, gibt es nichts außer ihr. Sie ist der Inbegriff alles Seienden und bringt sich selbst hervor. Als natura naturans (schaffende Natur = unendliche Substanz) erzeugt sie die natura naturata (geschaffene Natur = Welt der endlichen Dinge als Erscheinungsweisen oder Modi der unendlichen Substanz) aus sich selber. So ergibt sich für Spinoza die dreifache Gleichsetzung: Substanz = Gott = Natur.

Der P. Spinozas wirkt weiter in der Identitätsphilosophie Schellings (Gleichsetzung von Natur und Geist). Die Hegelsche Philosophie ist im Grunde eine Geschichtsmystik mit pantheistischem Einschlag: Die Geschichte als solche ist Manifestation und Offenbarung der als Gott bezeichneten absoluten

Idee, des absoluten Geistes. Die Geschichte selber also (nicht Christus) ist der Mittler. Eine ungebrochene Kontinuität zwischen Gott und Mensch wird angenommen. Der Geist des Menschen ist mit dem Geist Gottes ("Weltgeist") identisch.

In der vom deutschen >Idealismus beeinflussten mystischen Gefühlsreligion Schleiermachers erscheint Sünde als notwendige Entwicklungsstufe, Erlösung als Evolutionsprozess und Christus als nachahmenswertes Vorbild kraft seines "vollkommenen Gottesbewusstseins": "Die Richtung auf das Gottesbewusstsein schließt als innerer Trieb das Bewusstsein des Vermögens in sich, mittelst des menschlichen Organismus zu denjenigen Zuständen des Selbstbewusstseins zu gelangen, an welchen sich das Gottesbewusstsein verwirklichen kann" (Der christliche Glaube, Neuaufl. 1960, 525).

Innerhalb der seit 1900 datierbaren psychologischen Wissenschaft ist es besonders C. G. >Jung, bei dem man eine vom P. geprägte Seelenmystik finden kann: "Wie das Auge der Sonne, so entspricht die Seele Gott ... auf alle Fälle muss die Seele eine Beziehungsmöglichkeit, eine Entsprechung zum Wesen Gottes in sich haben, sonst könnte ein Zusammenhang nie zustande kommen ... Man hat mir 'Vergottung der Seele' vorgeworfen. Nicht ich - Gott selber hat sie vergottet" (Bewußtes und Unbewußtes, 1982, 61 ff).

Von C. G. Jung und fernöstlicher Spiritualität sind mehrere Denker beeinflusst, die am Ende des 20. Jahrhunderts pantheistische Elemente in ihre Systeme übernehmen oder sich ganz diesem Denken öffnen, so z.B. Pierre Teilhard de Chardin (>Evolution), Fritjof Capra (>New Age) und Eugen >Drewermann (>Tiefenpsychologie). Teilhard de Chardins "Bekenntnis" lautet: "Ich glaube, dass das Universum eine Evolution ist. Ich glaube, dass die Evolution auf den Geist hingeht. Ich glaube, dass der Geist sich im Personalen vollendet. Ich glaube, dass das höchste Personale der Christus-Universalis ist." Capra bezeichnet Gott als die "Selbstorganisations-Dynamik des gesamten Kosmos" (Wendezeit, 1987, 324), und Drewermann kann - neben einem durchaus personalen Gottesverständnis - gleichzeitig von Gott als demjenigen reden, "das sich in der Welt und mit der Welt selber entfaltet" (Worum es eigentlich geht, 1992, 310).

Kritik: Arthur Schopenhauer nannte den P. treffend "höflichen Atheismus". Dies trifft eindeutig auf den absoluten P. zu, aber in letzter Konsequenz auch auf die modifizierten Formen. Denn wenn Gott die Welt und (fast) nichts als die Welt sein soll oder wenn sich die Welt selber zu Gott entwickelt, dann hört Gott auf, Gott im Sinne dessen zu sein, was man gewöhnlich unter "Gott" versteht: nämlich der Schöpfer und Herr der Welt, der die Welt aus dem Nichts erschuf – an nichts anknüpfend als an seine eigene Liebe. Gewiss kann man argumentieren, dass dieses Gottesverständnis vom jüdisch-christlichen Glauben geprägt ist - und das mit Recht. Wenn nun aber pantheistische oder dem P. nahe stehende Denker ihre "Urkraft" oder "Substanz" ebenfalls als "Gott" bezeichnen, dann täuschen sie den Leser darüber hinweg, dass sie etwas völlig anderes damit meinen, als das, was "Gott" im abendländischen Kulturbereich per definitionem bedeutet. Dann verschleiern sie ihren Atheismus durch den Missbrauch klar festgelegter Begriffe.
Der Unterschied zwischen P. und Atheismus liegt lediglich darin, dass der P. der Welt religiöse Attribute (z.B. "Gott") beilegt, während der Atheismus darauf verzichtet. Wie der Atheismus ist der P. nicht in der Lage, den Menschen in seiner Personalität und Erlösungsbedürftigkeit ernst zu nehmen. In einem unpersönlichen Universum ohne persönlichen Gott gibt es keine Freiheit, Liebe und Gnade, sondern nur den blinden Willen des ehernen Schicksals. Zur christlichen Antwort auf den P. gilt das Gleiche wie das zum >Atheismus Gesagte (vgl. auch > Gottesbeweise}.

Lit: N. L. Geisler, Christian Apologetics, 1992,173-192; ders., Wenn Skeptiker fragen, 1996, 55-62.
Lothar Gassmann

Perfektionismus: Hierbei handelt es sich um die Lehre, dass Vollkommenheit und Sündlosigkeit auf Erden erreichbar wären. Die radikale Form des Perfektionismus sagt, dass der Mensch schon auf Erden völlig sündlos sein könne. Die gemäßigtere Form sagt, dass wir insoweit sündlos sein können, als wir in Gemeinschaft mit Gott stehen. In manchen Kreisen wird zwischen „überwundener Sünde" und „noch vorhandenen Schwächen" unterschieden.

Kritik: Vollkommen können wir nur in Jesus Christus sein, nicht in unserem eigenen Fleisch, nicht aus uns selbst (1. Petr 1,2; Hebr 13,12). Heiligung ist eine wichtige Tatsache im Christenleben, die heute leider oft verdrängt wird. Heiligung ist die fortgesetzte Rechtfertigung, die Auswirkung auf das Leben hat, und keine selbsterzeugte „Heiligkeit", wie manche meinen (1. Kor 1,30). Wir leben allein aus Gnade und Vergebung. Durch Rechtfertigung und Vergebung bekommen wir die Kraft für ein Leben in der Heiligung. Diese ist nicht unser eigenes Werk, sondern das Gnadenwirken Gottes durch seinen Geist in uns. Wir können in Christus Sünde überwinden, aber nur so weit, wie er in uns Raum hat. Dem Kampf zwischen Fleisch und Geist sind wir allerdings während unserer irdischen Existenz nie entnommen. Wer sein von Natur aus sündhaftes Wesen leugnet, macht Gott zum Lügner (vgl. Röm 7 f.; 1.Joh 1 f.).
Lothar Gassmann

Pneumatischer Universalismus

Der Geist (pneuma) sei allumfassend (universal) in allen Religionen vorhanden. Wurzel dieser Anschauung ist der >Mystizismus. Nur dadurch kann man auf den Gedanken kommen, dass der Geist Gottes in allen Religionen wirksam sei. Dies führt dann wiederum zur >Ökumene der Religionen. Solches haben wir zum Beispiel beim Weltfriedensgebetstag in >Assisi 1986 gesehen, bei dem sich der Papst mit Vertretern christlicher Konfessionen und heidnischer Religionen zum „Gebet" traf, sowie bei vielen ähnlichen interreligiösen Veranstaltungen (>Religionsvermischung).

Kritik: In den heidnischen Religionen herrschen >Dämonen Satans. In 1. Kor.10,20 heißt es: „Was die Heiden opfern, das opfern sie den bösen Geistern und nicht Gott. Nun will ich nicht, dass ihr in der Gemeinschaft der Teufel sein sollt." Dies ist eine ganz klare Aussage darüber, welcher Geist sich hinter den heidnischen Religionen verbirgt. Sicherlich gibt es auch in heidnischen Religionen ein Suchen nach Gott und Erkenntnisse aus der Schöpfung (vgl. Apg 17), aber der einzig wahre Erlöser Jesus Christus wird in diesen Religionen nicht gefunden. Er wird bestenfalls verzerrt als „Prophet" wie im >Islam stehen gelassen, aber nicht als Gottessohn und Erlöser. Dies ist oft noch viel gefährlicher, als wenn man gar nichts von Jesus sagen würde. Es wird im Islam – wie auch in anderen Religionen - ein anderer Jesus gepredigt. Fragt man nach dem „Geist", dann muss dies immer wieder mit der Kernfrage verbunden werden: Wie hältst es Du mit Jesus? Hier entlarvt sich der falsche Geist, der Jesus Christus als den einzigen Weg zum Vater ablehnt.

Lothar Gassmann

Polytheismus (griech. Vielgottglaube): Der P. lehrt, dass es viele Götter gebe. Im Heidentum wie z.B. im >Animismus oder im Vulgär->Hinduismus ist er vertreten. Auch in unserer Gesellschaft findet im Rahmen der „okkulten Welle" mit ihren vielen Göttern, Geistern und Dämonen ein Rückfall in den P. statt (>New Age; >Esoterik).

Kritik: Der P. ist ein Abfall von dem einen, lebendigen Gott und Schöpfer und nichts anderes als Götzendienst (Röm 1,18 ff. u.a.). Historische und ethnologische Untersuchungen haben ergeben, dass am Anfang der Menschheitsgeschichte der Eingottglaube (Monotheismus) und nicht der P. steht, welcher einen Abfall vom Monotheismus darstellt.

Lothar Gassmann

Postmoderne/Postmodernismus

1. Postmodernismus - was soll das sein? Begriffsbestimmung
Der Begriff "Postmoderne" (P.) versteht sich als Reaktion auf die Moderne, an welcher die P. die grundlegende Subjektorientiertheit, Zielgerichtetheit und den grundlegenden Optimismus zu kritisieren hat, welcher ganz bewusst die autonome Persönlichkeit gefördert habe und an der Vernunft orientiert sei. Im Gegensatz zur Moderne, die meint, die Wirklichkeit mit technisch-rationaler Vernunft erfassen zu können, bestreitet dies die P., die lediglich jeweils Teile der Wirklichkeit zu erkennen glaubt, weshalb es ganz verschiedene Zugänge zur Erkenntnis gäbe, mithin der >Pluralismus gewollt sei. Der heutige Gebrauch des Begriffes P. in Gesellschaft, Kultur usw. geht auf J. F. Lyotard zurück (La condition postmoderne, 1979, dt. Das postmoderne Wissen), der das Wissen der modernen Gesellschaft untersuchte. Ist auch die P. als Reaktion auf die Moderne zu sehen, so bleibt dennoch die Frage, ob sie deren Vollendung ist, was bis heute unbeantwortet geblieben ist. Die Frage nach

der P. wirft allerdings die Frage nach der Moderne und dem Verhältnis beider zueinander auf (>Modernismus).

2. Die Postmoderne als Reaktion auf die Moderne
(a.) Zuerst wurde der Begriff "postmodern" im hispanoamerikanischen Sprachgebrauch und in der Literaturkritik durch Frederico de Quiz (1885-1966) benutzt und sollte Reaktion auf "die Exzesse des Modernismus" sein. P. wurde rasch auf verschiedene Bereiche der Kunst angewandt. Arnold Toynbee (1889-1975) verstand in seinem 1947 erschienenen Buch "A Story of History" unter P. den Wandel vom nationalstaatlichen Denken in der Politik zur globalen Orientierung (>Globalisierung).
(b.) Der Begriff "postmodern" wurde schon als Rückkehr zur Vergangenheit verstanden, während andererseits mit P. auch schon - vor allem in den USA - die totale Erneuerung durch "futurische Revolte" verstanden wurde (Ihab Hassan, Susan Sontag, Leslie Fiedler). Der Begriff P. scheint damit nicht eindeutig besetzt. Ihm haftet in der Tat Unsicherheit und Unschärfe an, was seinen Inhalt anbelangt. Somit kann ganz Verschiedenes darunter verstanden werden, was lediglich darin geeint scheint, gegen die Moderne zu sein. Wenn Paul Feyerabend als Wesen der P. angibt "anything goes" („alles ist möglich"), so beschreibt er damit, dass es zumindest für einen Teil der Postmodernen (ja eigentlich ist dies das Wesen der P.) der Wert der Kultur darin liegt, unterschiedliche Meinungen als gleichberechtigt zu betrachten, die jederzeit durch andere ersetzbar sein können.
(c.) In der Philosophie kam es zur Auseinandersetzung zwischen Vertretern der Moderne (z. B. >Habermas) und der P. (z. B. Lyotard). Die Vertreter der Moderne sehen sich als die Erben der >Aufklärung und wollen die Errungenschaften der Französischen Revolution noch weiter ausbauen. Auch wenn ihnen durchaus bewusst ist, dass die wirtschaftliche, industriel-

le und politische Entwicklung besorgniserregend sein kann, so gibt es für sie dennoch keine Alternative zu einer Fortentwicklung der Ideen der Aufklärung. Für die Vertreter der P. ist dies illusorisch, da wissenschaftliche Erkenntnisse zunehmend wissenschaftliche und moralische Probleme brächten. Der Vorwurf der Vertreter der Moderne an die der P. lautet, diese verträten Konservatives und Reaktionäres, während die Vertreter der P. den Modernen vorwerfen, sie praktizierten einen "Terror der Vernunft" (Lyotard).

(d.) Was aber setzt die P. der Moderne mit deren Optimismus, Subjekt- und Zielorientiertheit entgegen, wenn sie sich selbst als "Dekonstruktion" der Prämissen und Ziele der Moderne versteht und diese auflösen möchte?

- An die Stelle der Subjektorientiertheit tritt bei ihr eine wechselnde Neuorientierung an sich verändernden Zusammenhängen.

- Es wird nicht auf lange Sicht geplant, sondern kurzfristig. Kurzzeiteinsätze werden beliebter als lange Bindungen.

- Das Leben wird nicht mehr als Einheit verstanden, sondern als von Zufälligkeiten, Vielfalt und Zusammenhangslosigkeit bestimmt. Eine Folge könnte sein, dass an Stelle lebenslanger ehelicher Treue bei vielen die Lebensabschnittspartnerschaft mit oder ohne Eheschließung(en) getreten ist und damit anstelle der herkömmlichen Familien Patchworkfamilien.

- Widersprochen wird der optimistischen Sicht, die seit der Aufklärung besteht und auch die Moderne beherrscht, die die Vielfältigkeiten der Welt als Einheit meint begreifen zu können. Postmodernem Denken erscheint dies unmöglich, weshalb es für sie viele Zugänge zur Wirklichkeit gibt, die für sie, von ihrem Denken aus stimmig, inkommensurabel sind, aber als gleichberechtigt angesehen werden, weshalb auch schon von postmoderner "Beliebigkeit" gesprochen wurde.

3. Postmodernismus in Kunst, Kultur, Wissenschaft
Auf die Verwendung der Begriffe „postmodern" bzw. „P." in
Literatur (Frederico de Quiz) und Geschichte (Arnold Toynbee) wurde bereits hingewiesen (vgl. 2.a), ebenso darauf, dass
die Verwendung P. in Gesellschaft, Kultur usw. auf J. F.
Lyontard zurückgeht (vgl. 1.) und auf die Auseinandersetzung
in der Philosophie zwischen Vertretern der Moderne (z. B. J.
Habermas) und der P. (z. B. J. F. Lyotard) (vgl. 2.c). So bleibt
noch zu ergänzen, dass der Begriff „postmoderne Gesellschaft"
1968 in die Soziologie eingeführt wurde (durch Amitai Etzioni,
The active Society). Und auch in die Theologie ist postmoder-
nes Denken übernommen worden, nicht allein in den USA,
wenn auch dort allem Anschein nach zuerst (s. 4).

4. Postmodernismus in Theologie, Kirche, Gemeindearbeit
Ronald Thiemann (1985) erhebt gegenüber der traditionellen
Offenbarungstheologie den Vorwurf, sie habe sich an philosophischen Wahrheitspostulaten orientiert. Obwohl die Lehre von
der zuvorkommenden Gnade aus traditioneller Offenbarungstheologie stammt, will er daran dennoch festhalten.
Mark Taylor (1984) orientiert sich an Friedrich Nietzsches
(1844-1900) These vom Tode Gottes und vertritt eine "elimi-
nierende" Theologie. Deshalb möchte er "Wahrheit", "Sinn",
"Gut und Böse" eliminieren (auslöschen). Wird Gott jedoch als
nicht existent betrachtet, so gibt es kein Orientierungszentrum,
keine objektive Wahrheit, keine objektive Unterscheidung zwischen Gut und Böse. Dann trifft zu, was Fjodor Dostojewski
(1821-1881) schrieb: "Wenn es Gott nicht gibt, dann ist alles
erlaubt." In Deutschland haben Dorothee Sölle (1929-2003)
und andere eine Theologie nach dem Tode Gottes vertreten
(>Gott-ist-tot-Theologie).
Festzuhalten ist, dass P. nicht allein auf akademische Theologie
eingewirkt hat, sondern längst bis zur Gemeinde-Ebene durch-
gedrungen ist (auch D. Sölle hat mehr auf die Gemeinden ge-

wirkt als auf die theologischen Fakultäten). Vor Erscheinungen
wie wechselnde Partnerschaften und wilde Ehen wurde in vielen Gemeinden längst kapituliert. Sie werden als „Möglichkeiten der Lebensgestaltung" hingenommen und akzeptiert; nur
selten noch wird ihnen mit biblischer Gemeindezucht begegnet
(>Gemeinde). Kennzeichen und Auswirkung der P. ist man-
gelnde Bindungsfähigkeit und –willigkeit. Dies herrschte freilich auch schon in der Moderne, was verdeutlicht, dass die P.
die Moderne nicht überwunden hat, sondern diese eher noch
verstärkt. Anstelle von Veranstaltungen, die Kontinuität erfor-
dern (z. B. Bibel- und Jungscharstunden) treten mehr und mehr
kurze Events und Happenings, zu welchen u. U. auch lange
Anfahrtswege in Kauf genommen werden. Dabei wird der Er-
lebniswert entscheidend (>Spaßgesellschaft). Kontinuität wird
durch Spontaneität ersetzt. Die Ziele werden minimalisiert;
man ist mit immer weniger zufrieden. Meist ist wohl nicht bewusst, dass es sich dabei um Erscheinungen "postmoderner"
Beliebigkeit handelt. Allem Anschein nach sind Vorstellungen
der P. mehr auf pragmatische Weise und evtl. sogar unbewusst
eingedrungen, indem vor allem der augenblickliche Erfolg
zählte. Jedenfalls blieben Theologie, Kirche(n) und Gemeinden
nicht von der P. verschont. Ein Beispiel ist die postmoderne
>Emerging-Church.

5. *Auseinandersetzung mit dem Postmodernismus*
Die P. birgt durchaus Gefahren in sich. Sie erscheint ideologie-
anfällig und hat damit den Hang zur >Verführung. Denn weil
die Gesamtorientierung für den Einzelnen fehlt, muss er diese
an übergeordnete Instanzen abgeben. Damit besteht die latente
Gefahr, dass übergeordnete Instanzen, z. B. der Staat, Lob-
byvertretungen, einflussreiche Verbände zwangsläufig ein
Mehr an Einfluss gewinnen, was zwar gegen die allgemeine
Absicht ist, aber unvermeidbar erscheint. Die Frage nach Gül-

tigem lässt die P. mit ihrer Anschauung postmoderner "Beliebigkeit" unbeantwortet.

Nichtzutreffend dürfte die Ansicht sein, P. bedeute die Rückkehr zu Konservatismus und Vergangenheit. Dies wird als Vorwurf von Vertretern der Moderne (z.B. Habermas) erhoben, die sich bewusst von Vergangenem lösen und Ideen der Aufklärung weiterführen wollen. Genau so wenig dürfte die Überlegung zutreffen, P. sei totale Erneuerung durch "futurische Revolte". Auch stellt die P. keine wirkliche Überwindung der Moderne dar, sondern verstärkt diese eher durch weitere Pluralisierung. Was sie an dieser kritisiert, überwindet sie nicht wirklich. Jedoch ist sie im Recht, wenn sie den Optimismus und die Individualisierung der Moderne anprangert, obwohl sie den Subjektivismus eher noch verstärkt hat. Die Bibel widerspricht einem optimistischen Menschenbild (>Mensch).

Theologisch dürfte am ehesten am Begriff der "Dekonstruktion" anzusetzen sein, der vor allem durch die zeitgemäße französische Philosophie aufkam. Denn die "Konstruktionen", die abgebaut werden sollen, erweisen sich als "Konstruktionen" Gottes, sind mithin in der Schöpfungs-, Erhaltungs- bzw. Notordnung begründet. Damit greift die P. von Gott Gesetztes und Verordnetes an. P. ist somit kein positiv zu vertretendes Phänomen, weder für den gesunden Menschenverstand noch für den christlichen Glauben, die sich ja nicht zwangsläufig widersprechen müssen, sondern genau betrachtet kommensurabel sind.

S. auch: >Pluralismus; >Relativismus; >Toleranz; >Offenbarung; >Ethik.

Lit.: P. Engelmann (Hg.), Postmoderne und Dekonstruktion (Textsammlung), 1990; M. Horkheimer/Th. W. Adorno, Dialektik der Aufklärung, 1947; J. F. Lyotard, Das postmoderne Wissen, 1993; ders., Der Widerstreit, 1989; S. Meier, Art. Postmoderne, in: Historisches Wörterbuch der Philosophie (HWP), 1971 ff., Bd. 7, 1141-1145; W. van Reijen, Art. Post-

moderne, in: Evangelisches Kirchenlexikon (EKL), Bd. 3, 3.
Aufl. 1992, 1276-1282
Walter Rominger

Pragmatismus

Beim Pragmatismus (P.) (gr. pragma, Tat, Handlung) ist es
zweckmäßig, zwischen einer Bedeutung des Wortes im weitesten Sinne und einem engeren Sinne zu unterscheiden.

P. im weitesten Sinne meint ein Absehen von einer vorgegebenen Wahrheit zugunsten der Nützlichkeit. Demnach ist wahr,
was der Bewältigung von Problemen, die sich gerade stellen,
dient. Damit wird das Handeln wichtiger als Denken und Erkennen. Wahr ist, was sich gerade bewährt. Programmatisch
hat dieses Verständnis von P. Friedrich Nietzsche geprägt: „In
dem Augenblick, wo ein Begriff seinen biologischen Wert, seine praktische Bedeutung verliert, erscheint ein neuer. Wahrheit
ist nicht etwas, das da wäre und das aufzufinden, zu entdecken
wäre, sondern etwas, das zu schaffen ist." Damit bedeutet P.
eine Variante des >Skeptizismus und >Relativismus, die Preis-
gabe der >Wahrheit. Deshalb werden die gegebenen Verhältnisse akzeptiert und ins Gespräch gebracht bei gleichzeitigem
Verzicht auf dogmatisch und axiomatisch festgelegte Standpunkte. Diese Standpunktlosigkeit wird häufig als einzige praktische Möglichkeit des friedlichen Miteinanders in einer von
Meinungen, Interessen und Ideologien zerspaltenen Welt angesehen. Diese Position ist praktisch die in westlicher Gesellschaft und deren Großkirchen vorherrschende. P. ist damit
Grund- und Lebenshaltung, weniger philosophisch reflektierte
Anschauung.

P. im engeren Sinne bedeutet die spezifische Form des ameri-
kanischen Philosophierens, die freilich eine optimistische
Grundhaltung durch ihre Pioniergeneration vermitteln bekam.
Der Ausdruck „pragmatism" wurde erstmals 1878 von Charles

Sanders Peirce (1839-1914) aus Cambridge / Mass. verwendet. Peirce fasste P. als Methode. „Wahrheit" ist die Meinung, der „letztendlich alle zustimmen werden, die einen bestimmten Sachverhalt untersuchen".

William James (1842-1910), der in Harvard lehrte und mit Ch. Peirce befreundet war, kam von Soziologie und Psychologie her und vertrat im Gegensatz zu Ch. Peirce die Ansicht, auch für Aussagen der Metaphysik sei es möglich, „Wahrheit" zu konstatieren. W. James baute den P. zu einer philosophischen Richtung aus. Nach W. James sind alle Theorien und Glaubensaussagen nur als „Instrumente, nicht als Antworten auf offene Fragen" zu verstehen. Demnach werden religiöse und moralische Glaubensüberzeugungen „wahr, insofern sie uns helfen, mit anderen Bereichen unserer Erfahrung in befriedigende Beziehungen zu treten". P. ist, wie auch der >Empirismus, an Fakten gebunden und erfahrungsbestimmt.

John Dewey (1859-1952) hat den P. psychologisch und soziologisch vertieft und auf gesellschaftliche und ethische Fragestellungen angewandt. Einfluss hatte J. Dewey auf die Entwicklung des amerikanischen Bildungswesens. Auch die neuere amerikanische Theologie geriet teilweise unter den Einfluss des P., wobei dieser für das praxisorientierte amerikanische Denken attraktiv war, so dass die theologisch-kirchliche Praxis stark betont wurde und z. B. der >Befreiungstheologie einen Schub verlieh. Nach 1945 hat Theodor Wilhelm den Versuch unternommen, den P. in die deutsche Pädagogik einzuführen.

Vordergründig hat der gegenwärtige, in westlichen Gesellschaften gepflegte P. mit dem aus amerikanischem Philosophieren entstandenen philosophischen P. nur noch wenig zu tun, da diesem ja gerade eine philosophische Begründung fehlt und er ethisch völlig indifferent bleibt. P. als philosophische Richtung konnte nur in der amerikanischen Gesellschaft mit ihrem speziellen optimistischen way of life entstehen. Aber im amerikanischen durchaus noch philosophisch geprägten P. ist die Gefahr dessen, was heutigen P. ausmacht, bereits gegeben, da er am Nutzen orientiert ist. P. schränkt das Leben auf praktische Aktivitäten ein, wobei das Leben nicht allein darin bestehen kann. P. klammert die Frage nach einer verbindlichen Wahrheit aus. P. stellt Nützlichkeit über Wahrheit. Wahrheit ist im Fluss und beständigem Wandel unterworfen. P. – vollends in seiner heute gängigen Form – führt zu einer Relativierung der Wahrheit, zu einer Relativierung von Zucht und Sitte. Er widerspricht ganz offensichtlich in seiner weitesten Form, die zwangsläufig die heute gängige ist, der von Gott gesetzten Ordnung. Da seine relativistische Grundorientierung keine immer geltende Wahrheit zulässt, widerspricht er der Grundauffassung christlichen Glaubens. Weder Kirche noch Gemeinwesen lassen sich, entgegen der häufig vertretenen anders lautenden Ansicht, auf Dauer pragmatisch leiten.

S. auch: >Apologetik; >Toleranz; >Wahrheit; >Ethik.

Lit.: Amerikanischer P.: Ch. S. Peirce, The Fixation of Belief (1877), How to make Our Ideas Clear (1878); W. James, The Principles of Psychology (1890), Pragmatism. A New Name for Some Old Ways of Thinking (1907); J. Dewey, Human Nature and Conduct (²1950). Außer den Artikeln „Pragmatismus" in: EKL 3. Aufl. Bd. 3, Sp.1288-1290; ELThG Bd. 3, S. 1290-1292; RGG 3. Aufl., Bd. 5, Sp. 502-504, siehe den Artikel „Pragmatismus" von E. Elling, in: Historisches Wörterbuch der Philosophie, Bd. 7 (1989), S. 1244-1249.

Walter Rominger

Proleptischer Messianismus

bedeutet: Vorwegnahme (griech. prolepsis) des messianischen Friedensreiches Jesu Christi. Menschen wollen das >Tausendjährige Reich vorwegnehmen. Viele „Heilsbringer", >falsche Propheten und politische Führer wollten und wollen dies tun. Alle, die das versuchten, sind damit gescheitert. *Kritik:* In der

Geschichte bewahrheitet sich der Satz: „Wer als Mensch auf Erden den Himmel errichten will, wird der Hölle den Weg bereiten" (vgl. die zahlreichen Diktaturen, z.B. das „Dritte Reich" des >Nationalsozialismus oder das „klassenlose Paradies" des >Kommunismus). Wir dürfen die heilsgeschichtliche Abfolge nicht aus den Augen verlieren. Auch der >Antichrist wird sich als der Errichter eines Friedensreiches ausgeben. Bevor Jesus wiederkommt, erscheint auf Erden der Antichrist (2. Thess 2).
Lothar Gassmann

Quietistischer Futurismus

Dieser Begriff bezeichnet die „Ruhehaltung" (lat. quietas) im Blick auf die Zukunft (lat. futurum): Die Zukunft sei sowieso vorherbestimmt. Man könne bezüglich der endzeitlichen Entwicklung nichts tun, sondern nur auf die Dinge warten, die da kommen, und sich von der Welt zurückziehen.
Kritik: Martin Luther wird in diesem Zusammenhang der bekannte und vorbildliche Satz zugeschrieben: „Wenn ich wüsste, dass morgen die Welt untergeht, so würde ich dennoch heute noch ein Apfelbäumchen pflanzen."
Lothar Gassmann

Rationalismus

1. Glaube und Erkenntnis - Stimmen der Väter

Rationalismus (von ratio, lat. Rechenschaft, Vernunft) (R.) ist mit der Frage nach Glaube und Erkenntnis verbunden, die in der Christenheit recht früh auftauchte und welche die Theologie immer wieder beschäftigte. Deutlich wird dies an den drei im folgenden exemplarisch aufgeführten Zitaten theologischer Denker der Alten und Mittelalterlichen Kirche. Tertullian (ca. 160-ca. 220) hatte gesagt: credo, quia absurdam (ich glaube, weil es ungereimt ist). Mehr als 800 Jahre später prägte Anselm (1033-1109) die Formel: Credo, ut intellegam (ich glaube, damit ich erkenne), wohingegen Abaelard (1079-1142) gerade umgekehrt feststellte: intellego, ut credam (ich erkenne, um zu glauben).

2. Rationalismus - Was ist das? Begriffsbestimmung
(a) Allgemein: Unter R. wird allgemein ein Vernunftglaube verstanden, der die begriffliche Erkenntnis vereinseitigt und auch überbewertet. Philosophie und Literatur erscheinen von der Theologie abgelöst. Damit sind Positionen von Descartes bis zu den Enzyklopädisten und auch Voltaire bezeichnet. In Deutschland reichte dies bis zu Kant, der die rationalistische Philosophie vertrat, aber durch seine Kritik der (reinen) Vernunft diese, zumindest für sich, überwand. War Rationalismus im 17. Jahrhundert die polemische Bezeichnung für eine an der Vernunft orientierte, offenbarungskritische Religionsauffassung, so seit dem Ende des 18. Jahrhunderts für das aus der Vernunft unabhängig von der Erfahrung kommende Wissen - und damit ein Gegenbegriff zum >Empirismus. Ist auch das Phänomen des R. philosophiegeschichtlich betrachtet schon alt und wäre dazu bereits der antike >Idealismus (Ideenlehre Platons) zu rechnen, so wird dennoch erst die Philosophie der frühen Neuzeit, die strenge Erkenntnismethoden entwickelt, kennt und anwendet, als R. verstanden, der keine dem Menschen übergeordneten Instanzen, etwa göttliche Offenbarungen, anerkennen will.
(b) Theologischer Rationalismus: Theologischer R. wird in einem weiteren und engeren Sinne verstanden. Während im weiteren Sinne mehr das Wesen, das Epochen übergreifend ist, zu beschreiben ist, wird er im engeren Sinne historisch verstanden. Im weiteren Sinne bedeutet theologischer R. die Beurteilung von >Offenbarung nach Vernunftkriterien. In diesem Sinne ist theologischer R. ein überzeitliches Phänomen und dürfte der Sache nach nicht erst seit der Aufklärung vorkommen, son-

dern die Kirche schon immer begleitet haben, zumindest dann, wenn Sonderoffenbarungen, Zusatzoffenbarungen und Irrationalismus als Artverwandte auch dazugezählt werden (z. B. >Montanismus in der Alten Kirche). Im engeren Sinne bezeichnet theologischer R. als theologische Epoche die dritte Phase der deutschen Aufklärungstheologie zu Beginn des 19. Jahrhunderts, die im Gegensatz zum Supranaturalismus steht, der als Reaktion auf den theologischen R. zu verstehen ist. Die Epoche des theologischen R. ist als späte Frucht der theologischen Aufklärung unter dem Einfluss Kants zu verstehen (so Klaus Scholder, EStL, 2. Aufl. 1975, Art. Aufklärung, Sp. 87). In dieser dritten Phase der Aufklärung wurde die Vernunft der Offenbarung übergeordnet (wenn diese Gefahr auch immer bestand und besteht, so hat dies doch allem Anschein nach nie so zersetzend gewirkt wie im theologischen R. und im theologischen Neoliberalismus der sog. Kerygmatheologie R. Bultmanns und seiner Schule; >Entmythologisierung). Für die Bibelwissenschaft bedeutet dies, dass alles Übernatürliche und Wunderbare ausgeschieden wurde.

3. Rationalismus in der Scholastik?

Vernunft und Natur hatten bereits in der >Scholastik des Mittelalters mit die Funktion, nach welcher daraus Erkenntnis nicht nur der Welt, sondern auch Gottes möglich sein sollten (vgl. >Gottesbeweise). Die Scholastik verband Vernunfterkenntnis und Glauben, da die Vernunft am göttlichen Licht teilhabe und >natürliche Theologie als eine Vorstufe der geoffenbarten Gotteserkenntnis aufzufassen sei. Die Frage ist, ob sich hier nicht Grundgedanken finden, die einige Jahrhunderte später in der Aufklärung weiterentwickelt zum Durchbruch kamen.

4. Theologischer Rationalismus: dritte Phase der Aufklärung - Rationalismus als theologische Epoche

Während die Scholastik Vernunft und Glauben miteinander verband, trennten Philosophie und Wissenschaft im 18. Jahrhundert Naturerkenntnis von Theologie und christlichem Glauben. Neu war dabei nicht die Berufung auf die Vernunft, sondern die Emanzipation der Vernunft vom christlichen Glauben. Die so als autonom verstandene Vernunft bestritt die Bindung an eine höhere Macht. Dabei waren die Vertreter der Aufklärungsphilosophie keine Atheisten, sondern vertraten eine Religion, die sich aus der Vernunft ableiten ließ oder dieser zumindest nicht widersprach. Damit ging freilich eine Einschränkung überlieferter Glaubensinhalte einher, was sich jedoch unterschiedlich auswirkte. Das war bereits im 17. Jahrhundert im Umkreis des englischen >Deismus (z. B. John Locke) der Fall. Das Vernunftverständnis der französischen Aufklärung des 18. Jahrhunderts war insofern weitreichender, da es mit scharfer Kritik und Ablehnung am Christentum verbunden war (z. B. Voltaire). Diese Schroffheit war in der deutschen Aufklärung in aller Regel nicht vorhanden, wobei auch in ihr die Vernunft die Offenbarung auslegte, ihr damit faktisch übergeordnet war, wennschon gesagt wurde, die Offenbarung sei der Vernunft inhaltlich übergeordnet (z. B. Christian Wolff).
Zu beachten ist, dass der theologische R. Folge des philosophischen R. war, indem sich dieser auf jenen übertrug. Der theologische R. lässt sich am besten als die im 18. Jahrhundert aufkommende und eine Zeitlang herrschende Richtung protestantischer Theologie bestimmen. Da die Bibel an der Vernunft gemessen wurde, war >Bibelkritik die Folge (als deren Initiator wird häufig Johann Salomo Semler, 1725-1791, angesehen). Die "Neologie" löste eine praktische Form der Religiosität von der Schriftoffenbarung. Bibel und Gottes Wort fielen nicht mehr in eins, sondern wurden voneinander getrennt. Rationalistische Theologie sah ihren Schwerpunkt in der Christologie,

besser: in einem Teil der Christologie, da sie sich fast ausschließlich mit dem historischen Jesus beschäftigte, dessen Person und Lehre, wie dies dann in der zweiten Hälfte des 19. Jahrhunderts in der Leben-Jesu-Forschung wiederum in der protestantischen Theologie beherrschend wurde (vgl. Albert Schweitzer, Geschichte der Leben Jesu Forschung, 1906; s. >Jesus Christus; >Konsequente Eschatologie). Das Hauptinteresse galt dabei der >Ethik Jesu, die als dessen Hauptlehre angesehen wurde. Bestritten wurde seine >Auferstehung. Die in der Bibel berichteten >Wunder wurden als vernünftig erklärbare Vorgänge bezeichnet. Neben diesem fast ausschließlich am historischen Jesus bestehenden Interesse wurde die Vorsehung wichtig. Zwar kann von Gott als einem allmächtigen Urheber und Lenker der Welt gesprochen werden, aber das geschieht nur in den Kausalzusammenhängen. Damit wird der Grund für eine von der Technik beherrschte Welt gelegt. Ziel der Weltgeschichte ist das Reich Gottes, in welchem glückliche Zustände herrschen. Das Reich Gottes wurde letztlich innerweltlich verstanden. Schließlich wurde die Unsterblichkeit der Seele bzw. des Geistes betont. Einflussreiche Vertreter des theologischen R. waren J. A. L. Wegscheider (1771-1849), dessen Institutiones theologiae christianae dogmaticae (1815, 8. Aufl. 1844) die Gedanken des theologischen R. weit verbreiteten, und F. Röhr (1777-1848). Es waren nicht allein Theologen, die einen theologischen R. vertraten. Wirkung unter den Gebildeten hatte Lessing mit seinen Schriften und mit der von Reimarus verfassten und von Lessing herausgegebenen "Apologie oder Schutzschrift für die vernünftigen Verehrer Gottes". Diese Schrift hinterließ den Eindruck eines Angriffs auf das Christentum, welcher noch durch Lessings "Anti-Goetze" verstärkt wurde.

5. *Rationalismus und / oder Suprarationalismus*

Unter Suprarationalismus (lat.) wird eine theologische Haltung verstanden, welche ein höheres Sein annimmt, das über die irdische Wirklichkeit hinausreicht. Der Glaube an eine übernatürliche Offenbarung wird damit denkmöglich. Suprarationalismus ist als historische Erscheinung betrachtet diejenige Richtung, die um 1800 eine alle Vernunft übersteigende >Offenbarung Gottes gegen den R. betonte. Nicht übersehen werden sollte, dass der R. auch kontraproduktiv wirkte, indem er kirchliche Kreise, die der Aufklärung zuzurechnen waren oder dieser zumindest nahe standen, zum Widerstand herausforderte und eben dadurch den Suprarationalismus hervorbrachte, der auch von den Ideen der Aufklärung nicht unbeeinflusst war, aber doch Vorbehalte und Befürchtungen hatte und sich zu Anfang des 19. Jahrhunderts teils heftige Auseinandersetzungen mit dem theologischen R. lieferte. Der Suprarationalismus nahm Kants Kritik der theoretischen Gotteserkenntnis auf und verwandte diese für eine unmittelbare Offenbarung Gottes in der Schrift (z. B. Claus Harms). Freilich gab es auch auf Vermittlung bedachte "Mischpositionen", die eine Verbindung von unmittelbarer Offenbarung mit der Vernünftigkeit des Christentums anstrebten (z. B. K. G. Bretschneider). Zu fragen bleibt, ob dadurch Verbindungen zur mittelalterlichen Scholastik bestehen, zumindest im Anliegen.

6. *Rationalismus und Neorationalismus*

Der Vorwurf des R. wurde später vor allem (polemisch) gegen die Aufklärung des 18. Jahrhunderts erhoben (z. B. von Friedrich August Gottreu Tholuck, 1799-1877). Die von >Idealismus, >Romantik, Erweckungsbewegung und Konfessionalismus beeinflusste Theologie des 19. Jh. betrachtete den R. als flache Geisteshaltung, die den >Atheismus begünstigte. Dieser Eindruck wurde vor allem in der ersten Hälfte des 20. Jahrhunderts durch den Einfluss der >Dialektischen Theologie (Karl

Barth) verstärkt, welche in der Theologie Rudolf Bultmanns und seiner Schule einen theologischen Neoliberalismus erkannte.

Gegen die hauptsächlich von der Bultmannschule angestoßene, in mancherlei Ausformungen auftretende moderne Theologie der zweiten Hälfte des 20. Jahrhunderts hat z. B. Gerhard Bergmann den Vorwurf des Neoliberalismus erhoben (>Entmythologisierung).

7. Rationalismus - Irrationalismus

Sowenig der R. dem biblischen Verständnis gerecht wird, sowenig entspricht ihm der Irrationalismus. Dem biblischen Vernunftverständnis werden beide nicht gerecht (vgl. Röm 12,1f.). Wesen und Irrtum der modernen Theologie sind keineswegs nur deren R., sondern auch deren Irrationalismus. So haben beispielsweise Felix Flückiger (Vernunft und Glaube) und Francis Schaeffer (z. B. Und er schweigt nicht) festgestellt, dass das Gottesverständnis der modernen Theologie von R. und Irrationalismus beeinflusst ist.

8. Frommer Rationalismus?

Der Vorwurf des frommen R. wurde immer wieder erhoben. Unter frommen R. fiele z. B. das Schriftverständnis der altprotestantischen Orthodoxie, die durch scharfsinnige Begründung der Verbalinspiration den Wortlaut der Heiligen Schrift absichern und damit gegen rationalistische Bestreitung unanfechtbar machen wollte. Der Vorwurf wird aber auch gegen tatsächlichen oder vermuteten christlichen >Fundamentalismus der neueren Zeit erhoben (z. B. gegen die Chicagoer Erklärung zur Irrtumslosigkeit der Bibel). Dieser Vorwurf taucht nicht allein bei Vertretern eines theologischen Neorationalismus bzw. Neoliberalismus auf, sondern auch bei Theologen, die sich als schrift- und bekenntnisgebunden verstehen (z. B. Hellmuth Frey, Um den Ansatz theologischer Arbeit, in: Abraham unser

Vater <Festschrift für Otto Michel zum 60. Geburtstag>, 1963;
Heinzpeter Hempelmann). S. hierzu: >Bibel; >Bibelkritik.

9. Glaube und Vernunft
Glaube und Vernunft sind keine sich ausschließenden Gegensätze. Der Glaube hebt die Vernunft nicht auf, wie andererseits
die Vernunft den Glauben nicht aufheben muss. Der Glaube ist
nicht unvernünftig, aber er ist nicht der Vernunft unterworfen.
Die Vernunft will durch den Heiligen Geist erneuert und gelei-
tet sein. Macht auch der Glaube nicht unvernünftig, sondern in
gewisser Weise erst recht vernünftig im Denken und Handeln
(Röm 12,1), so kann das Vertrauen auf die autonome Vernunft
zu unvernünftigem Denken und Handeln führen. Das Vertrauen
in die Ratio allein fördert leicht die Irrationalität. Deshalb wird
die rechte Inbeziehungsetzung von Glaube und Vernunft eine
geheiligte Vernunft hervorbringen, während bei Ausbleiben
dieser rechten Inbeziehungsetzung eine unvernünftige Heiligkeit auftritt oder andererseits eine unheilige Vernunft, die letztlich unvernünftig ist. Der Weg des Glaubens, der nicht unvernünftig ist, verläuft jenseits einer glaubenslosen Vernunft und
eines vernunftlosen Glaubens (s. ausführl. >Glaube und Vernunft).

10. Bewertung des Rationalismus
Der R. als geistes- bzw. kirchengeschichtliche Epoche (3. Phase der Aufklärung) war eine theologisch und kirchlich irrege-
leitete Zeit. Die als autonom geltende Vernunft erwies sich bei
näherer Betrachtung als in manchem unvernünftig. Der R., verstanden als geistige und geistliche Haltung, ist eine Fehlhaltung
und wird weder der Offenbarung Gottes noch der Vernunft gerecht, wenn er Gottes Offenbarung der Vernunft unterwirft.
Wenn dies geschieht, dann wird die Vernunft tatsächlich zur
Hure (Luther) und unvernünftig. Aber genau dies scheint zum
Wesen theologischen R.s zu gehören. So ist die Verhältnisbe-

stimmung von Offenbarung und Vernunft im (theologischen) R. eine verfehlte. Anstatt die Vernunft durch die Offenbarung zu heiligen, bemächtigt sich die sich autonom fühlende Vernunft der Offenbarung, beurteilt diese nach ihren Maßstäben, schränkt sie nach diesen ein und korrumpiert sie damit. Theologischer R. schadet Theologie und Kirche, wie sich dies auch unschwer kirchenhistorisch aufweisen lässt.
Lit.: G. Bergmann, Alarm um die Bibel, 5. Aufl. 1974; ders., Kirche am Scheideweg. Glaube oder Irrglaube, 1967; K. Barth, Die protestantische Theologie im 19. Jahrhundert, 1947; F. Flückiger, Existenz und Glaube; E. Hirsch, Geschichte der neueren evangelischen Theologie, Bd. 5, 1954; H. J. Iwand, Glauben und Wissen, 1962; F. Schaeffer, Und er schweigt nicht, 1975; A. Schweitzer, Geschichte der Leben Jesu Forschung (1906, erweitert 1913, seither mehrere Auflagen); H. Thielicke, Mensch werden, 1976; J. A. H. Tittmann, Über Supranaturalismus, Rationalismus und Atheismus; 1816.
Walter Rominger

Säkularismus heißt „Verweltlichung". S. ist der – genauso falsche – Gegensatz zum >Akosmismus. In der Weltanpassung der Gemeinde und des Einzelnen verdrängt der >Zeitgeist den Heiligen Geist Gottes. Als Beispiele – bezogen auf die christliche Gemeinde – wäre heute z.B. Folgendes zu nennen:

a. eine "moderne Bibelauslegung", in der das Diktat der autonomen Vernunft den Glauben an die göttliche Offenbarung verdrängt und die >Bibelkritik zum Maßstab erhebt; leider dringt Bibelkritik infolge eines falschen "Wissenschaftsanspruchs" auch immer mehr in evangelikale Seminare und Gemeinden ein;

b. ein "Wohlfühl-Evangelium", in dem Show, Erfolg und Sensationen dominieren und die Themen "Kreuz", "Buße", "Gericht" und "Ernst der Nachfolge" kaum noch Raum haben;

c. eine Vermischung biblischer Wahrheiten mit politischen, philosophischen, psychologischen, soziologischen und sonstigen Erkenntnissen ideologischer Systeme, welche von ihren Grundlagen her im Gegensatz zur Bibel stehen;

d. ein Streben nach interreligiöser und interkonfessioneller >Ökumene und >Einheit um jeden Preis und unter Ausblendung der klaren biblisch-reformatorischen Hauptartikel "allein Jesus Christus", "allein die Heilige Schrift", "allein der Glaube" und "allein aus Gnaden".

e. eine Anpassung der Lebensgewohnheiten (zum Beispiel Meinung, Moral, Mode, Musik) an das Diktat von Fernsehen und Strasse.

Kritik: Christen sollen Salz und Licht (Mt 5,13-16) für die Welt sein. Dies setzt ein eigenständiges Fundament voraus. Wir sollen nicht Öl, sondern Sand im Getriebe dieser Welt sein. Röm. 12,2: „Stellt euch nicht dieser Welt gleich, sondern erneuert euch durch die Veränderung eueres Sinnes, damit ihr prüfen könnt, was Wille Gottes ist, nämlich das Gute und Wohlgefällige und Vollkommene."
Lothar Gassmann

Selbstverwirklichung im heutigen Sprachgebrauch bedeutet: „Entfaltung der eigenen Persönlichkeit durch das Realisieren von Möglichkeiten, die in einem selbst angelegt sind" (laut Meyers großem Handlexikon). Die Parolen "S.", "Selbstbestimmung", ">Emanzipation" und ">Autonomie" sind heute in aller Munde. Ihnen gemeinsam ist, dass sie das Streben des Menschen zum Ausdruck bringen, aus sich selbst zu leben, über sich selbst zu bestimmen und zu sich selbst zu finden. Der Mensch kommt von sich selbst, bleibt bei sich selbst und geht zu sich selbst. Er hat in sich selbst Anfang, Weg und Ziel. Er ist sich selbst genug.

Wie anders lauten da die Aussagen der Bibel: Der Mensch kommt von Gott, lebt in Gott und geht zu Gott (1 Kor 8,6; Kol 1,16ff.). Christus ist der Anfang und das Ende, der Weg und das Ziel (Joh 14,6; Eph 1,1ff.; Offb 1,8). Jesus sagt: "Will mir jemand nachfolgen, der verleugne sich selbst und nehme sein Kreuz auf sich und folge mir. Denn wer sein Leben erhalten will, der wird's verlieren; wer aber sein Leben verliert um meinetwillen, der wird's finden" (Mt 16,24f.).

Ist heute das Selbst des Menschen an die Stelle Gottes getreten? Heinzpeter Hempelmann nennt die Folgen des aufklärerischen und humanistischen Denkens der Neuzeit: "Menschwerdung und Menschsein des Menschen sind nur möglich unter der Voraussetzung der Emanzipation des Menschen von Gott; S. ist nur denkbar unter der Voraussetzung der Gottesleugnung; Humanismus ist nur möglich als Atheismus." "Der Abnahme der Bedeutung des Gottesglaubens entspricht die Zunahme des Glaubens an den Menschen und seine - im Prinzip - unbegrenzten Fähigkeiten" (ThB 7/1985, 71ff.).

Der Begriff "S." kann unterschiedlich gebraucht und interpretiert werden. Auf das Verhältnis von Einzelmensch und allgemeiner Ordnung blickend, stellt Hempelmann heraus, dass S. in der Antike, im Mittelalter und auch noch bei Kant "Entsprechung zu vorgegebenen Normen, Realisation von anerkannten Werten" bedeutete - und damit also auch in Beziehung zu Gott als Ordnungsgeber stand. Heute ist diese Dimension verloren gegangen. "Für die Antike bis zu Kant ist ein vorgegebenes Allgemeines noch Bedingung der Möglichkeit der S.; heute versteht man dagegen allgemeine Ordnungen, Regeln und Gegebenheiten primär als Einengungen und Beeinträchtigungen der Möglichkeit, sich selbst zu verwirklichen." "Die Aufklärungsbewegung des 18. und 19. Jahrhunderts emanzipiert sich

mehr und mehr vom Gottesgedanken und der mit diesem gegebenen ethischen und weltanschaulichen Orientierung" (ebd.).
Wenn wir heute das Wort "S." gebrauchen, dann in seiner neuzeitlich geprägten Form, der die Dimension über dem Menschen (Gott) und zum großen Teil auch die neben dem Menschen (Mitmensch) verloren gegangen ist. Wir bezeichnen diese neuzeitliche Art der S. genauer als "menschlich-humanistische S." oder einfach als "menschliche S." (Verwirklichung dessen, was das autonome menschliche Selbst ausmacht). Der neuzeitliche, sich selbst verwirklichende Mensch will keinen Normgeber über oder neben sich anerkennen, sondern sein "eigener Herr sein". Er ist "verkrümmt in sich selber" (Luther) und in seinem eigenen Selbstbezug gefangen.
Nach allem bisher Gesagten könnte man vermuten, dass das, was wir heute als "S." bezeichnen, eine typisch neuzeitliche Erscheinung sei. In Wirklichkeit jedoch ist die Sache, um die es geht, so alt wie die Menschheit. "Ihr werdet sein wie Gott und wissen, was gut und böse ist" (1 Mo 3,5) - dieser Satz ist das Zauberwort des Versuchers, mit dem er Menschen fasziniert (lat. fascinare = verzaubern). Seit Anbeginn der Zeiten möchte er Menschen dazu bringen, sich selbst zu verwirklichen, über sich selbst zu bestimmen, sich von Gott zu emanzipieren und autonom Gut und Böse festzulegen. Der Mensch soll die Stelle Gottes einnehmen. In seiner neuzeitlichen Selbstvergottung nun sieht sich der Mensch als Subjekt der Geschichte, als Schöpfer der Moral und als Schöpfer seiner Identität. Er verdrängt damit Gott als Geschichtslenker, als Normgeber und als Garanten von Identität und Sinn. Geschichtsnihilismus, Normenrelativismus, Identitäts- und Sinnkrise sind damit vorprogrammiert, weil sich der Mensch ohne Gott in Chaos und Verzweiflung verliert.
In ungebrochenem Optimismus geht hingegen der aufklärerische >Humanismus davon aus, dass der Mensch "von Natur aus gut" sei. Im Menschen liegen die Potentiale zur S., zur

Selbststeigerung, zur Selbsterfüllung. Er muss sie nur entdecken und - vielleicht mittels eines anderen Menschen oder einer Gruppe - freisetzen lassen. Ein Reifungs- und Wachstumsprozess ist hierzu nötig. Am Ende dieses Prozesses steht der neue, ganzheitliche, selbstverwirklichte Mensch, der seiner eigenen Erfahrung mehr vertrauen kann als allen Geboten, Normen und Offenbarungen, die von außen kommen. In sich selbst findet er die Heilkräfte für sich selbst. Für sich selbst empfängt er Heil aus sich selbst. Die Grundannahme vom Menschen, der sich selbst verwirklicht und zugleich in sich die Kraft zur S. findet, zieht sich durch sämtliche Schulen der >Humanistischen Psychologie (s. dort).

Der Weg der menschlichen S. ist aber der Weg des Verderbens, weil er im Streben nach Selbstherrlichkeit den Weg des Kreuzes umgeht. Der Weg zum ewigen Leben führt nicht über die menschliche (Selbst-)Herrlichkeit, sondern einzig und allein über das Kreuz Jesu, das auch (und eigentlich) unser Kreuz ist. Eine neue Variante der Herrlichkeitstheologie (theologia gloriae) hat heute die Kreuzestheologie (theologia crucis) weitgehend verdrängt. Darin liegt der schlimmste Irrtum und die größte Schuld der S.sideologen. Der Weg der Selbsterhöhung ist der Weg Satans (Mt 4,8ff.), der Weg der Selbsterniedrigung hingegen der Weg Jesu (Phil 2,5ff.). Der Weg Satans ist geprägt von Selbststeigerung, Egoismus, Willkür und dem Glauben an sich selbst; der Weg Jesu ist geprägt von Selbsthingabe, Nächstenliebe, Rücksichtnahme und dem Glauben an Gott. Der Weg Satans ist der breite Weg, der zur Verdammnis führt; der Weg Jesu ist der schmale Weg, der zum ewigen Leben führt (Mt 7,13f.).

Lit.: L. Gassmann, Selbstverwirklichung – das Zauberwort in Psychologie und Seelsorge, 1999.

Lothar Gassmann

Skeptizismus

1. Definition: Mit S. (von griech. skeptomai = "beobachten, untersuchen, prüfen, Ausschau halten") wird eine (philosophische) Richtung bezeichnet, die den Zweifel zum Denk-Prinzip erhebt, allerdings in der Möglichkeit der Erkenntnis der Wahrheit unterschiedliche Grade zulässt, von einer Unmöglichkeit bis zu einer teilweisen Möglichkeit. Die Skepsis richtet sich vor allem gegen (zur jeweiligen Zeit) allgemein Anerkanntes, gegen das, was als wahr gilt. S. ist das immer wieder modifizierte Prinzip des bezweifelnden Denkens. Anlass zum S. ist nicht allein empirisch feststellbar Falsches, sondern genauso, dass rational, metaphysisch Plausibles zueinander in sich ausschließendem Gegensatz stehen kann.

2. Unterschiedliche Formen des Skeptizismus
Um der Erscheinung des S. gerecht zu werden, sind unterschiedliche Formen zu unterscheiden.
a. Ethischer S.: Dieser kann u. U. eine völlige ethische Beliebigkeit und damit eine Auflösung der Ethik vertreten. Eine Negierung ethischer Forderungen ist ethischem S. inhärent. b. Erkenntnistheoretischer S.: Bei ihm ist zu unterscheiden in einen universalen und einen partiellen. Universaler S. stellt die Erkennbarkeit der Wahrheit prinzipiell in Frage. Partieller S. bestreitet nur bestimmte Methoden und Wege zur Wahrheitserkenntnis. Bei beiden Formen ist es angebracht, zwischen einer relativen und / oder einer absoluten Form zu unterscheiden. Während relativer S. lediglich eine Wahrheitserkenntnis z. Zt. verneint, vertritt absoluter S. eine für alle Zeiten und für jedermann. Unerkennbarkeit der Wahrheit postuliert allerdings Allwissenheit, worauf schon Hegel (1770-1831) hingewiesen hat, der erkannte, dass der S. eine negative Form von Allwissenheit sein kann, indem er alles Wissen bestreitet. Zu erwähnen ist auch "methodischer S.", der die Grundvoraussetzungen für kritisches Denken liefern will. Der "methodische S." wird auf

Descartes (1596-1650) zurückgeführt. Um den verschiedenen Typen des S. gerecht zu werden, ist Unterscheidung nötig.

3. Skeptizismus in seiner Geschichte
a. Frühe Zeit: Der S. hat seinen historischen Ursprung in der dritten nacharistotelischen Schule des Pyrrhos von Elis (ca. 360-270). Pyrrhoismus und S. sind gleichbedeutend. Die Einstellung zum S. war im Christentum nicht durchgehend dieselbe. Hat Augustinus (354-430) die Einstellung zum S. mit seiner ablehnenden Haltung wesentlich beeinflusst, indem er im S. den natürlichen Gegner der Gewissheit des Glaubens gesehen hat, so haben fast tausend Jahre später Duns Scotus (1266-1308) und Wilhelm von Ockham (um 1300-1349/50) den S. wesentlich positiver beurteilt, da sie im Zweifel eine Möglichkeit erblickten, durch seine Überwindung den Glauben zu festigen.
b. Neuzeit (bis 20. Jhd.): Auf die Skepsis des Pyrrhos und seiner Anhänger haben sich Skeptiker (z. B. Montaigne, 1533-1592) und Antidogmatiker (z. B. Bayle, 1647-1706) berufen und damit Einfluss auf die Entwicklung der Moderne genommen. Kant (1724-1804) hatte die Absicht, einerseits sowohl Wissenschaft als auch Moral auf ein sicheres Fundament zu stellen, andererseits aber auch die dogmatismus- und ideologiekritische Haltung des S. zu bewahren. Deshalb entwickelte er einen Weg zwischen S. und Dogmatismus, die "skeptische Methode". Kant zufolge ist sie "nur der Transzendentalphilosophie allein wesentlich eigen" (Kritik der reinen Vernunft B 452). Mit seiner "skeptischen Methode", die allein schon begrifflich eine Umkehr des "methodischen S." Descartes` bedeutet, machte Kant seine Unterscheidung zu Descartes deutlich. Hegel (1770-1831) hat in seiner "Phänomenologie des Geistes" den S. zu überwinden versucht, indem er den S. als negative Form von Allwissenheit betrachtete, der selbst alles weiß und von daher alles Wissen bestreitet. Hegel will auf dialektischem

Wege durch doppelte Negation zur Position absoluten Wissens
gelangen und dadurch den S. auflösen. Ein modifizierter methodischer Zweifel ist im 20. Jahrhundert durch den Einfluss
von Kants "skeptischer Methode" unbestreitbar für die Wissen-
schaftsphilosophie geworden. Einflussreich wurde der >Positi-
vismus.

4. Skeptizismus und christlicher Glaube
Wie der S. in der Kirche unterschiedlich beurteilt wurde und
bis heute wird, zeigt sich bereits an der unterschiedlichen Beurteilung durch Augustinus auf der einen Seite und Duns Scotus
und Wilhelm von Ockham auf der anderen. Eine differenzierte
Beurteilung ist in der Tat nötig, da nur so gerade auch aus
christlicher Sicht eine dem S. gerecht werdende Bewertung
möglich erscheint. Im Unterschied zur absoluten Skepsis, die
auch aus logischen und philosophischen Überlegungen inak-
zeptabel erscheint, ist die Auseinandersetzung mit einer relativen, partiellen, gemäßigten Skepsis zwingend. Sie kann nicht
von vorneweg abgelehnt werden, da sie ja Wahrheitserkenntnis
an sich nicht bestreitet, sondern bewusst offen lässt. Ein S., der
sich gegen alle kritischen Rückfragen immunisiert, ist abzu-
lehnen. Zuweilen mag der S. auch Negativ-Entwicklungen und
-Trends (z. B. in der Ethik) hinterfragen und kann dann, wenn
er nicht an deren Stelle ebenso Verwerfliches setzt, positiv
wirken. Das wird allerdings die Ausnahme sein. Meist wird er
verstärkend wirken, da "Böses fortwährend Böses muss gebä-
ren" (Schiller). Nicht übersehen werden darf, dass sich, wenn
auch von ganz unterschiedlicher Voraussetzung herkommend,
biblische Anthropologie und S. im Wissen um die Begrenztheit
des Menschen und seiner Erkenntnis treffen. Freilich, die Einsicht aufgrund biblischer Offenbarung ist ungleich tiefer: der
Mensch ist "Fleisch" und deshalb fehlerhaft; er ist Sünder. Solche Einsicht hat S. in keiner seiner Ausformungen. Offenba-
rungsqualität eignet ihm nicht. Deshalb darf der genannte Be-

rührungspunkt nicht über die grundlegende Differenz hinwegtäuschen, dass letztlich biblischer Glaube und S. unvereinbar sind. Der natürliche Mensch steht Gott skeptisch, ja ablehnend gegenüber. Erst durch den Ruf des Wortes Gottes wird er aus seinem S. befreit, löst sich seine Selbstbezogenheit und in-se-incurvatum-ipsum-Haltung (Selbstverkrümmtheit) auf. So wird der bezüglich der Erkenntnis Gottes, der Welt und seiner selbst jedem Menschen anhaftende absolute S. überwunden und lässt er sich auf Gott und sein Evangelium ein. Schließlich ist darauf hinzuweisen, dass bei der wissenschaftlichen Arbeit an biblischen Texten nicht die Anwendung historischer und philologischer Methoden an sich verwerflich ist, sondern der S., mit dem diesen Texten begegnet wird (>Bibelkritik).
S. auch: >Offenbarung; >Glaube und Vernunft; >Bibel; >Wahrheit; >Wunder; >Auferstehung.
Lit.: H. Bürki, Zwischen Glaube und Skepsis, 1967; H. Hempelmann, Kritischer Rationalismus und Theologie als Wissenschaft, 1987; K. Löwith, Wissen - Glaube - Skepsis, 1958
Walter Rominger

Solipsismus ist eine Wortprägung aus dem lateinischen "solus" = "allein" und "ipse" = "selbst". Dies meint – auf den christlichen Bereich bezogen - , dass Gläubige nur noch für sich selbst existieren und keine Gemeinde mehr besuchen. Solipsismus ist Einzelchristsein ohne Gemeinde.
Kritik: "Ich statuiere kein Christentum ohne Gemeinschaft", hat Nikolaus Ludwig Graf von Zinzendorf zu Recht betont. Diese Regel kann nur in extremen Ausnahmesituationen (z.B. >Christenverfolgung, Gefängnis) aufgehoben sein. Nach 1. Kor 12, Röm 14 und anderen Stellen ist die Gemeinde ein Organismus mit vielen Gliedern und Gaben, die sich gegenseitig zum gemeinsamen Nutzen ergänzen dürfen und sollen.

S. auch: >Gemeinde; >Gemeinschaft, geistliche und seelische.
Lothar Gassmann

Tiefenpsychologie (Jungianismus)

Begründer der ideologisch sehr einflussreichen Tiefenpsychologie oder Analytischen Psychologie ist der Schweizer Psychologe Carl Gustav Jung (J.; 1875-1961). J. unterscheidet zwischen dem Ich als dem Zentrum des bewussten Lebens und
dem Selbst als dem Zentrum der ganzen Persönlichkeit, das die
Teile des Bewussten sowie des persönlichen und des kollektiven Unbewussten umfasst. Vor der Geburt lebt der
Mensch in einer unbewussten Ganzheit des Selbst. Mit der Geburt jedoch beginnt die Trennung des Ich vom Selbst, weil der
Mensch nun aus dem Zustand ganzheitlicher Urgeborgenheit in
eine Welt der Gegensätzlichkeit und Bedrohung eintritt. Im
Laufe der Anpassung an die Umwelt und der damit verbunde-
nen Entwicklung des Ich-Bewusstseins werden die unbewussten Selbstanteile ihrerseits wegen ihres irrationalen, mythisch-
magischen Charakters zunehmend als bedrohlich empfunden
und verdrängt. Das Leben läuft nun in Polaritäten (Spannungs-
gegensätzen) ab, die maßgeblich auf die Polarität zwischen Ich
und Selbst zurückgehen. "Nach Auffassung der Analytischen
Psychologie sind Neurosen, psychosomatische Symptome und
auch Psychosen grundsätzlich der Ausdruck einer Störung zwischen Ich-Bewusstsein und Selbst, d. h. das Ich-Bewusstsein ist
nicht in der Lage, der Ganzheit der eigenen Persönlichkeit und
des Selbst Rechnung zu tragen." "Während die Ich-
Bewusstseins-Entwicklung notwendigerweise mit der Abspal-
tung und dem Unbewusstlassen ganz bestimmter Selbstanteile
verbunden war, kommt es bei der Selbstverwirklichung nun zu
einem umgekehrten Prozess, in dem sich das Ich-Bewusstsein
den unbewusst gebliebenen Selbstanteilen aussetzt und sich
von ihnen erweitern und relativieren lässt." Konkret bedeutet

dies: Unbewusste Komplexe und die Anpassung an äußere Rollen (Persona) werden bewusstgemacht, gegengeschlechtliche Persönlichkeitsanteile (Animus und Anima) sowie verdrängte, den äußeren Normen nicht entsprechende Eigenschaften ("der Schatten") werden in das Selbst integriert. "Individuation heißt, zu dem zu werden, der man ist, und meint einen Differenzierungsprozess, der die Entfaltung aller Fähigkeiten und Anlagen und Möglichkeiten eines Individuums durch stufenweise Bewusstwerdung und Realisierung des Selbst zum Ziel hat" (L. Müller / Th. Seifert, Analytische Psychologie, in: H. Petzold, Wege zum Menschen, Bd. 2, 1984, 203ff.).

Sein ganzes Leben lang beschäftigte J. sich mit Parapsychologie, >Okkultismus und den Ritualen der verschiedenen Religionen. Seine Doktorarbeit schrieb er über spiritistische Experimente, die er mit seiner Nichte Helly Preiswerk durchführte (>Spiritismus). Zu seiner Lehre von dem kollektiven Unbewussten und den Archetypen gelangte er durch Träume, in denen ihm Ahnen- und Totengeister erschienen. Er schrieb: „Die Gespräche mit den Toten, die 'Septem Sermones` bildeten eine Art Vorspiel zu dem, was ich der Welt über das kollektive Unbewusste mitzuteilen hatte" (Erinnerungen, Träume, Gedanken von C. G. J., hrsg. v. A. Jaffé, 1984, 195). Die unbewusste Kollektivseele der Menschheit ist für J. die Quelle von übersinnlichen Wahrnehmungen, z.B. in Träumen, Visionen, Erscheinungen Verstorbener und ähnlichem, die sich in Symbolen, Mythen, Märchen und Religionen manifestieren. Durch das kollektive Unbewusste sei der Mensch nicht nur mit seinen tierischen und menschlichen Vorfahren verbunden, sondern auch mit der "göttlichen Weltseele", die in mystischer Einheit mit den Einzelseelen stehe. Unter "Archetypen" verbergen sich nach J. ererbte Urbilder aus früheren Entwicklungsstadien der Menschheit. Beispiele für Archetypen sind z.B. die Bilder vom Vater und der Mutter, von der Hexe und vom Magier, vom Kind oder vom alten weisen Mann. Auch Christus sei ein Archetyp, ein Symbol des „Selbst" oder der "psychischen Ganzheit" des Menschen, während "Jesus" nur ein bloßer Mensch gewesen sei. J. meint: "Ob er (Jesus) der lebendige Christus und Logos war, wissen wir nicht. Es ist ohnehin gleichgültig ... da das Bild des Gottmenschen in jedem von uns lebendig ist und in dem Menschen Jesus inkarniert (das heißt projiziert) wurde, um sichtbar in Erscheinung zu treten, damit die Leute ihn als ihren eigenen inneren homo (griech. anthropos), ihr Selbst, erkennen konnten" (C. G. J., Über die Auferstehung, Gesammelte Werke 18/2, 745).

Kritik: Els Nannen schreibt in ihrer kritischen C. G. J.-Biographie: "J.s Theorie ... des 'kollektiven Unbewussten' ist nicht wissenschaftlich, sondern eine spekulative Annahme. Sie beruht nicht auf objektiver Beobachtung empirischer Tatsachen, sondern auf drei nicht-wissenschaftlichen, weltanschaulichen Prämissen: dem (philosophischen) >Materialismus, dem (psychischen) >Evolutionismus und dem >Pantheismus. Diese drei Pfeiler der J.schen Psychologie und Psychotherapie des 'kollektiven Unbewussten' sind vor allem widerbiblisch. Darüber hinaus ist J.s Konstruktion des kollektiven Unbewussten durch ihre Gleichstellung mit der 'göttlichen Weltseele', bzw. mit Gott, gotteslästerlich ... Die Aufspaltung des Herrn in Jesus und Christus, die Leugnung, dass Jesus der Christus ist, ist keine originelle Idee J.s, sondern sehr alt: 'Wer ist der Lügner, wenn nicht der, der leugnet, dass Jesus der Christus ist?' (1. Joh 5,22)" (E. Nannen, Carl Gustav J. - der getriebene Visionär, 1991, 183.260). Die J.sche Tiefenpsychologie geht zwar durch ihre religiöse Dimension über die Freudsche >Psychoanalyse hinaus, dringt aber nicht bis zur wirklichen Transzendenz Gottes und der aus dieser kommenden >Erlösung des Menschen vor. Auch die Archetypentehre enthält ein verkürztes und sogar okkult aufgeladenes Welt- und Menschenbild, das die Dimensionen von Schuld und Sünde, Gnade und Vergebung ausklammert. Der Mensch steht hier nicht vor Gott, sondern vor

sich selbst und dem dunklen Kollektiv-Selbst einer mythologisch verstandenen Menschheitsgeschichte. Damit aber bleibt er mit sich allein. Eine wirkliche Veränderung und Erneuerung des Menschen hingegen kann nur erfolgen, wenn er durch den von außen kommenden Geist Gottes erfasst wird, seine totale Verlorenheit erkennt, über seine Sünden Buße tut, zu dem lebendigen Gott umkehrt und sich ganz dessen guter Herrschaft unterstellt. Die Erneuerung des Menschen muss geistlich geschehen. Die Freisetzung von Emotionen und Träumen hingegen, wie J. sie anstrebt, reicht für eine Therapie im biblischen Sinn nicht aus, ja sie kann sogar in die Irre führen, wo der Mensch in Unnüchternheit und Passivität hineingerät.
S. auch: >Psychologie, >Psychoanalyse, >Tiefenpsychologische Interpretation.
Lit.: E. Nannen: C. G. Jung – der getriebene Visionär, 1991.
Lothar Gassmann

Traditionalismus: In theologischer Sicht bezieht sich T. darauf, dass sich menschliche Tradition über das Wort Gottes und seine Aussagen stellt. Namentlich in der Römisch-Katholischen Kirche gilt nicht nur die Heilige Schrift als Quelle des Heils, sondern es kommen die kirchliche Tradition (z.B. Kirchenväter-Schriften) und das päpstliche Lehramt hinzu, welches die letzte Autorität über die Auslegung der Heiligen Schrift beansprucht.
Kritik: Die Heilige Schrift sagt selbst, dass sie ausreicht, dass sie genügt und man nichts hinzu- oder hinwegtun soll. Die Schrift lehrt dies z.B. in Offb 22,18 f. Die Heilige Schrift mit ihrer Botschaft von der Erlösung des Sünders allein aus Gnaden ist die Grundlage für das Heil des Menschen. Die Reformatoren gebrauchten die Begriffe „sufficientia" (Genügsamkeit: die Schrift reicht aus) und „efficacia" (die Wirksamkeit für unser Heil). Zudem muss sich jede Auslegung wieder selbst

an der Schrift messen lassen. In der Römisch-Katholischen Kirche sind de facto Lehren entstanden, die ganz eindeutig über die Heilige Schrift hinausgehen. Man nehme nur drei Lehren als Beispiel, die sogar als „unfehlbare" Lehren verkündigt wurden: Unbefleckte Empfängnis Marias 1854, Unfehlbarkeit des Papstes 1870, Himmelfahrt Marias 1950. Diese Lehren wurden als unfehlbar autorisiert, obwohl sie in der Bibel eindeutig keine Grundlage besitzen. Durch die Marien- und >Heiligenverehrung gerät man aber in Gefahr, sogar bis hin zum >Spiritismus abzuweichen (denken wir nur an das Gebet für Verstorbene, zu denen ja auch Maria zählt, z.B. Rosenkranzgebet). Gerade das Rosenkranzgebet, durch das der Kontakt zu Geistern hergestellt wird, kann zu okkulten Bindungen führen. S. ausführlich zu dieser Frage: >Schrift, Tradition und Lehramt (im Kleinen Katholizismus-Handbuch).
Lothar Gassmann

Triumphalismus

Der T. lehrt: Alle Herrlichkeit ist hier schon da, wir müssen „nur noch Halleluja sagen". Keine Not, keine Krankheit ist unüberwindlich. Der T. vertritt die „theologia gloriae" (Herrlichkeits-Theologie) im Gegensatz zur „theologia crucis" (Kreuzes-Theologie).

Kritik: Leben wir wirklich schon in dieser Zeit? Nein! Wohl jeder von uns hat schon Leid und Kreuz erfahren müssen. Wir sind einer harten Wirklichkeit ausgesetzt. Sicherlich müssen wir nicht immer mit gebücktem Rücken und trauriger Miene durch die Welt laufen.

Wir haben ja die Freude und die Freiheit der Kinder Gottes im Glauben erleben dürfen. Trotzdem geht der Weg durchs Kreuz zur Herrlichkeit und nicht umgekehrt. In der >Endzeit wird die >Gemeinde eine bedrängte, kleine Herde sein. Die Überwinder werden selig gepriesen. Es wird Gerichte, Katastrophen und

Bedrängnis geben (Mt 24; Offb). Erst in der Herrlichkeit der zukünftigen Welt werden Tränen und Schmerzen endgültig hinweggenommen, wie es in der Heiligen Schrift mit großartigen Worten beschrieben ist (Offb 21 f.). Wir müssen heilsgeschichtlich denken und dürfen die Heilszeitalter nicht durcheinander werfen. Wir erleben Vorschattungen des Reiches Gottes auch in der Gemeinde, z.B. Heilungen und Wunder, die Gott heute wirkt, weil er ein herrlicher Gott ist, aber dies ist noch nicht die völlige Herrlichkeit der zukünftigen Welt.
Lothar Gassmann

Umweltschutz bezeichnet den Schutz der „Umwelt" (die den Menschen umgebende Welt) vor ihrer Schädigung und Zerstörung. Besser als diese anthropozentrische Bezeichnung wäre der Begriff „Schöpfungsverantwortung" (Verantwortung für die von Gott geschaffene Welt). Der Gebräuchlichkeit wegen behalten wir aber hier den Begriff U. bei. Dass U. notwendig ist, wird heute niemand mehr ernsthaft bestreiten. In welche Richtung soll aber der U. gehen? In welchem Ausmaß kann und soll U. praktiziert werden? Noch deutlicher: Wie radikal können und sollen Maßnahmen zur Behebung der Umweltkrise sein? Vor allem darüber wird heute diskutiert. In dieser Diskussion kann man vier Hauptpositionen, vier "Antworten" aus weltlicher Sicht unterscheiden:
a) Die *"Fortschritts-Antwort"* sagt: Die Umweltverschmutzung ist der Preis für den Fortschritt. Sie ist unvermeidbar, weil der Fortschritt unvermeidbar und notwendig ist. Der Fortschritt fordert Opfer. Solange aber der Nutzen durch den Fortschritt größer ist als der Schaden, können und wollen wir auf den Fortschritt nicht verzichten und nehmen die Umweltverschmutzung in Kauf.

b) Die *"Reparatur-Antwort"* sagt: Die kaputte Umwelt kann repariert werden. Umweltverschmutzung ist durch Umwelttechnologie zu bekämpfen. Mit anderen Worten: Die Industrie, die uns die Suppe der Umweltverschmutzung eingebrockt hat, löffelt sie auch wieder aus, indem sie Kläranlagen, Filteranlagen usw. baut und sich dadurch sogar neue, gewinnbringende Wirtschaftsbereiche erschließt. Im Wesentlichen aber kann die Industrie und kann der einzelne weitermachen wie bisher.

c) Die *"alternative Antwort"* sagt: Alles muss anders werden. Wir müssen neue, nicht verschmutzende Techniken erfinden und überhaupt weniger Technik gebrauchen. Wir müssen den Rohstoffverbrauch eindämmen und umsteigen auf unerschöpfliche, erneuerbare Energiequellen wie Sonne, Wasser und Wind. Wir müssen ein neues, positives Verhältnis zur Natur gewinnen und ihre ökologischen Kreisläufe beachten. Im Konfliktfall kommt >Ökologie vor Ökonomie.

d) Die *"marxistische Antwort"* sagt: Umweltverschmutzung ist eine Krankheitserscheinung des >Kapitalismus und nicht der Technik. Dass Menschen Menschen ausbeuten, ist das wahre Problem. Wird der Kapitalismus abgeschafft, dann wird die Ausbeutung - auch die Ausbeutung der Umwelt - aufgehoben. (Die Realität in sozialistischen Staaten sah und sieht jedoch ganz anders aus; >Kommunismus).

Beurteilung: Was sagt die Bibel über den U.? Sehr wenig und sehr viel. Sehr wenig, insofern sie keine konkreten Aussagen zu etlichen Problemen macht, die uns heute auf den Nägeln brennen, z. B. zu den Fragen "Atomkraftwerke - ja oder nein?", "Chemische Schädlingsbekämpfung - ja oder nein?" usw. Sehr viel, indem sie in grundsätzlicher Weise Aussagen nicht nur über das Verhältnis zwischen Gott und Mensch, sondern z. B. auch über das Verhältnis zwischen Mensch und Natur (biblisch: Schöpfung) macht. Und von diesen grundsätzlichen Aussagen her sind dann auch Rückschlüsse zur Lösung konkreter

Probleme möglich und notwendig. Vier dieser grundsätzlichen Aussagen (sie entsprechen Abschnitten in der biblischen Heilsgeschichte) sollen uns im Folgenden beschäftigen:

a) Gott erschafft die Welt: Gott allein - der lebendige, persönliche, eine und unendliche Gott der Bibel - ist der Schöpfer der Welt Schon diese Aussage ist ungeheuer wichtig. Denn damit sind alle anderen Vorstellungen über die Entstehung der Welt abgelehnt - Vorstellungen, die den Wert der Welt oder die Bedeutung ihres Schöpfers herabsetzen und einen verantwortlichen Umgang mit der Schöpfung unmöglich machen würden. Es sind dies insbesondere: der >Materialismus, der nur die sichtbare, diesseitige, raumzeitliche Wirklichkeit einer Materie kennt, die sich in einem letztlich unerklärlichen Prozess fortlaufend selbst hervorbringt; und auch der damit verwandte >Evolutionismus, der die Entstehung der Lebewesen auf die Prinzipien Mutation und Selektion und damit auf eine Kette von Zufällen zurückführt. Wer diese Weltanschauungen vertritt, wird der Welt höchstens einen Selbstzweck, aber keinen weitergehenden Sinn zuerkennen. Er wird sich mit der notwendigen Rücksichtnahme schwer tun, da er sich ja nicht vor Gott verantworten zu müssen meint.

Abgelehnt ist auch das andere, genauso unbiblische Extrem: der >Pantheismus, der die ganze Welt als Ausfluss der Gottheit ansieht und danach strebt, Gott im Geschöpflichen zu finden und zu verehren. Gewiss besitzt der Pantheist eine sehr innige Beziehung zu allen Geschöpfen. Er behandelt sie mit Hochachtung und Ehrfurcht (vgl. das ethische Prinzip "Ehrfurcht vor dem Leben" von Albert Schweitzer; >Konsequente Eschatologie). Sein Irrtum liegt aber darin, dass er in den Geschöpfen Gott zu sehen meint, dass er den Unterschied zwischen Schöpfer und Geschöpf aufhebt oder relativiert. So erkennt er weder Schöpfer noch Geschöpf, wie sie wirklich sind, sondern verwechselt beide in unzulässiger Weise. So verfällt er der Illusion, Heil aus der Natur erringen zu können, statt im alleinigen

Vertrauen auf Gott und seinen Sohn Jesus Christus. Die Bibel betont durchgehend den Unterschied zwischen Schöpfer und Geschöpf, etwa in der Erschaffung des Menschen als Gottes Abbild und Gegenüber (1. Mose 1,27; 2,18), in der Kontrastierung der Souveränität Gottes und der Gefallenheit der Schöpfung (Römer 8 u. ö.), im Verbot der pantheistisch-heidnischen Götzen- und Bilderverehrung (2. Mose 20,4 f. u. ö.), an allen Stellen, die von der Sünde und Erlösungsbedürftigkeit des Menschen und der ganzen Schöpfung handeln. Gott ist zwar der unendliche, aber zugleich der eine, lebendige und persönliche Gott (5. Mose 6,4; Jes 57,15; Mt 6,9 ff.; Joh 14; 1.Tim 6,16 u.ö.).

b) Der Mensch verwaltet die Welt: Schon in 1. Mose 2,15 heißt es: "Und Gott der HERR nahm den Menschen und setzte ihn in den Garten Eden, dass er ihn bebaute und bewahrte." "Bebauen und bewahren" heißt nicht "zerstören", sondern "schonend als Lebensraum erschließen" - und dieser Auftrag bezieht sich auf die ganze Erde. Diese Erschließung muss immer in der Verantwortung vor Gott geschehen, nicht in der selbstherrlichen Tyrannei des Menschen über die übrige Schöpfung. Denn die Erde gehört Gott (3. Mose 25,23); der Mensch ist lediglich Verwalter (vgl. Ps. 8,5 ff.). In diesem Sinn ist auch das "Untertanmachen" der Erde und das "Herrschen" über die Mitgeschöpfe des Menschen zu verstehen (1. Mose 1,26.28). Der Mensch ist zum gerechten und liebenden Herrscher über die Erde bestimmt und soll damit Abbild der Gerechtigkeit und Liebe Gottes sein. Er hat keinen Zerstörungs-, sondern einen Verwaltungs- und Erhaltungsauftrag. Auch wurde in der Bibel der Tierschutz nicht vergessen, wie manchmal behauptet wird. Man lese nur einmal 5. Mose 22, 1-10; 25,4; Jes 11,6ff.; Röm 8,16ff. u. a. Allerdings ist in der Bibel nirgends die Rede von einem "mystischen Einheitsgefühl" zwischen Menschen und Tieren oder gar zwischen allem Lebendigen, wie dies in esoterischen und alternativen Kreisen leider häufig geschieht.

c) Die Sünde verunstaltet die Welt: Die von Gott gut geschaffene und dem Menschen zur Verwaltung überantwortete Schöpfung ist in den Sündenfall des Menschen mit hineingerissen worden (1. Mose 3 u. ö.). Der Mensch hat sich von Gott, seinem Schöpfer, losgesagt und sein Verwaltungsrecht über die Schöpfung missbraucht. Ausbeutung, Leid und Tod sind an die Stelle von Pflege und Bewahrung getreten. Die ganze Welt wurde Machtbereich des Bösen, Machtbereich Satans, des "Fürsten dieser Welt" (Mt 4,8f.; Joh 12,31; 2. Kor 4,4; Eph 2,2; 6,11f. u. ö.). Wer Umweltkrise, Kriegsgefahr, Hungersnöte, Katastrophen usw. einmal unter diesem Blickwinkel betrachtet, erschrickt. Er erkennt plötzlich hinter all diesen Bedrohungen eine viel schlimmere, viel furchteinflößendere Bedrohung: das Wirken Satans und das Verstricktsein des Menschen in die >Sünde. "Aus dem Herzen kommen die bösen Gedanken" (Mt 15,19). "Euer Widersacher, der Teufel, geht umher wie ein brüllender Löwe" (1. Petr 5,8). Unfähig zum wirklich Guten (Mt 19,17) und bedroht ist der Mensch. Wie soll dann aber noch Rettung möglich sein?

d) Christus verwandelt die Welt: Die Macht Satans und der menschlichen Sünde ist so groß, dass sie kein Mensch aus eigener Kraft überwinden kann. Deshalb hat Gott in seiner unbegreiflichen Weisheit und Güte einen anderen Weg gewählt: "So hat Gott die Welt geliebt, dass er seinen einzigen Sohn dahingab, damit alle, die an ihn glauben, nicht verloren gehen, sondern das ewige Leben haben" (Joh 3,16). Jesus Christus, Gottes Sohn, ist stellvertretend für uns am Kreuz gestorben. Er hat als Unschuldiger für unsere Schuld gebüßt (2. Kor 5,21). Dadurch hat er uns - aus Gnade - von der Macht der Sünde, des Todes und des Teufels befreit und die zerrissene Gemeinschaft mit Gott wiederhergestellt. Er hat uns mit Gott versöhnt. Durch seine Auferweckung von den Toten hat ihn Gott als seinen Sohn und als "Lebensfürst" bestätigt. Jetzt gilt: "Ist jemand in Christus, so ist er eine neue Schöpfung; das Alte ist vergangen, siehe, ein Neues ist geworden. [...] Gott versöhnte in Christus die Welt mit sich selbst" (2. Kor. 5, 17.19). Das heißt aber: Christus verwandelt die Welt durch die Christen. Somit gilt: Allein der glaubende Christ ist wirklich mit Gott versöhnt. Diese erfahrene Versöhnung wirkt sich auf vielfältige Weise verwandelnd und heilend auf ihn und auf seine Umgebung aus. Aus der Versöhnung mit Gott folgt: die Versöhnung des Menschen mit sich selbst (in Form der Überwindung seiner inneren Zerrissenheit, seines Hin- und Hergerissenseins zwischen Gott und Satan); die Versöhnung mit den Mitmenschen; die Versöhnung mit der übrigen Schöpfung.

Wie verhält sich ein wirklicher Christ gegenüber der Schöpfung?

1. Weil er Gott liebt, wird er auch die Schöpfung lieben: die Tiere, die Pflanzen, die Flüsse, die Seen - alles, was Gott geschaffen hat. Er wird die Schöpfung lieben um Gottes willen und um ihrer selbst willen, nicht um seines eigenen Vorteils oder seiner eigenen Gesundheit willen. Er wird freilich auch erkennen, dass er auf die Erhaltung der Schöpfung angewiesen ist, wenn er selbst überleben will.

2. Er wird die Schöpfung verwalten und nicht zerstören, so wie es der Menschheit ursprünglich von Gott aufgetragen war. Weil er sie nicht zerstören will, wird er so schonend wie möglich mit ihr umgehen.

3. Er wird Stimme für die "seufzende Kreatur" sein, die selbst nicht reden kann und die "wartet, dass Gottes Kinder offenbar werden" (Röm 8, 19).

4. Er wird einen einfachen Lebensstil praktizieren aus Rücksicht auf die knapp werdenden Schöpfungsgüter und die Not der Hungernden. Er wird so planen, dass er das hat, was er wirklich zum Leben braucht, aber seinen Überfluss an Notleidende abgibt. Ein Unternehmer wird so wirtschaften, dass er durch sinnvolle Investitionen Betrieb und Arbeitsplätze erhält,

aber nicht durch maßloses Jagen nach Profit zum Diener des Mammons wird (Mt 6,19ff. u. ö.).

5. Er wird kein Anhänger eines ungezügelten wirtschaftlichen Wachstums sein, das die Schöpfung zerstört, die Vorräte aufzehrt und unseren Kindern einen geplünderten Planeten hinterlässt.

6. Er wird beispielhaft zu leben versuchen, in seinem eigenen Bereich mit einem verantwortlichen Leben beginnen und andere - auch Politiker - auf ihren Erhaltungs- und Verwaltungsauftrag gegenüber der Schöpfung hinweisen.

7. Bei alledem wird er wissen, dass er sich durch gute Werke (auch durch das gute Werk eines "einfachen Lebensstils") nicht den Himmel verdienen kann, sondern dass die guten Werke Früchte seines Glaubens sind. "Denn es gibt hier keinen Unterschied: Alle haben gesündigt und die Herrlichkeit verloren, die Gott ihnen zugedacht hatte, und werden ohne Verdienst gerecht aus seiner Gnade durch die Erlösung, die durch Christus Jesus geschehen ist" (Römer 3, 23 f.).

Lit.: L. Gassmann, Grün war die Hoffnung. Geschichte und Kritik der grünen Bewegung, 1994.

Lothar Gassmann

Dr. Lothar Gassmann (Hrsg.)

Weltanschauungen unter der Lupe

Eine wichtige Orientierungshilfe im Dschungel der Ideologien!
In diesem Lexikon werden unter anderem folgende Weltanschauungen aus christlicher Sicht dargestellt und beurteilt:
Anarchismus, Atheismus, Behaviorismus, Evolutionismus, Faschismus, Feminismus, Genderismus, Gnostizismus, Grüne Ideologie, Gruppendynamik, Hedonismus, Humanismus, Idealismus, Kapitalismus, Kommunismus, Kritizismus, Liberalismus, Materialismus, Modernismus, Mystizismus, Nationalsozialismus, Neomarxismus, Okkulte Thanatologie, Ökologische Religion, Pantheismus, Perfektionismus, Polytheismus, Postmodernismus, Pragmatismus, Rationalismus, Säkularismus, Selbstverwirklichung, Tiefenpsychologie (Jungianismus), Traditionalismus, Triumphalismus, Umweltschutz-Ideologie.

Der Herausgeber, Dr. Lothar Gassmann, ist Theologe und Weltanschauungs-Experte. Er schrieb über 200 Bücher zu Themen der Bibel und des aktuellen Weltgeschehens.